공정무역 세계여행

공정무역 세계여행

2판 1쇄 발행 2021년 10월 15일
2판 3쇄 발행 2023년 10월 20일

글 | 김이경
그림 | 문신기
편집디자인 | 윤희정
종이 | 신승지류유통(주)
인쇄 제본 | 상지사 P&B
펴낸곳 | 도서출판 나무야
펴낸이 | 송주호
등록 | 제307-2012-29호(2012년 3월 21일)
주소 | (03424) 서울시 은평구 서오릉로 27길 3, 4층
전화 | 02-2038-0021
팩스 | 02-6969-5425
전자우편 | namuyaa_sjh@naver.com

ISBN 979-11-88717-25-5 73320
ⓒ김이경

- 이 책 내용의 전부 또는 일부를 재사용하려면 반드시 저작권자와 도서출판 나무야 양측의 동의를 받아야 합니다.
- 이미지 출처: 프리픽, 셔터스톡, 플리커
- 이 책에 실린 사진 일부는 출처를 확인하지 못한 채 쓰였습니다. 확인되는 대로 합당한 사용료를 지불하겠습니다.
- 책값은 뒤표지에 표시되어 있습니다.

공정무역 세계여행

김이경 글 | 문신기 그림

Namuyaa Publisher

책을 펴내며

왜 열심히 일하는 사람들이 점점 더 가난해질까요?

10여 년 전, 네팔 카트만두에서 만난 한 소년이 생각납니다. 네팔 이름은 '바부', 수줍게 웃지만 듬직해 보이는 13살 소년이었죠. 제가 그 친구를 만난 건 아주 우연이었어요. 저는 네팔 공정무역 현장을 다니면서 여러 노동자들을 만나고 있었어요. 그러면서 이들의 생생한 이야기를 기록하는 일을 했답니다. 그때 가 본 어떤 카펫 공장은 매캐한 먼지로 가득해서 재채기가 끊임없이 나오는 곳도 있었어요. 이 현장을 찍어 두려고 카메라를 들었다가 관리인에게 제지를 당하기도 했죠. 공장 바로 앞에는 어디 갈 데도 없이 주저앉아서 먼지 실뭉치를 가지고 노는 어린아이들이 있었어요.

그 뒤 한 공정무역 카펫 공장에 갔다가 자세한 이야기를 들어 보려고 사무실로 발걸음을 옮겼어요. 사무실 옆에는 벽돌로 지어진 건물이 있었는데, 바로 그곳에서 바부를 만난 거죠. 바부는 얼마 전까지만 해도 새벽 6시부터 밤 10시까지 한 자리에 앉아서 카펫 짜는 일을 했어요. 학교에도 가지 못하고, 친구들하고 신나게 뛰어놀지도 못하고 말이죠. 바부는 가까스로 공장에서 구출되어 공정무역재단에서 운영하는 공간에 머물며 교육을 받고 있었어요. 바부는 "그 공장으로는 절대 돌아가고 싶지 않아요."라고 단호히 말했어요. 의사가 되어 많은 이들의 병을 고쳐 주는 사람이 되고 싶다던 바부, 그는 꿈을 이뤘을까요?

여러분 가운데는 공정무역이란 말을 처음 들어 본 친구도 있을 테고 그 말이 전혀 낯설지 않은 친구도 있을 거예요. 공정한 무역이란 무엇일까요? 운동 경기에 빗대어 쉽게 설명해 볼게요. 여러분이 좋아하는 축구나 농구, 야구 같은 스포츠에는 반드시 지켜야 할 규칙이 있어요. 이 규칙을 지키면서 상대를 해치지 않고 정정당당한 경기를 하는 것을 '페어플레이'라고 하죠. 마찬가지로 물건을 사고파는 무역에도 스포츠처럼 공정한 거래, 즉 페어플레이가 필요하다는 점을 강조하는 개념이 바로 공정무역이에요.

사실 생산자를 착취하고 않고 정당한 가격으로 거래하는 것은 당연한 일이에요. 여러분도 일을 하게 되면 일한 만큼 정당한 임금을 받고, 노동자로서 차별받지 않는 일자리를 바랄 거예요. 그런데 세계 경제는 생산자와 노동자가 노력한 만큼 보상이 제대로 이루어지지 못하는 경우가 많아요. 열심히 일한 농민이 점점 더 가난해지는 일이 일어나고 있거든요. 카카오, 바나나, 사탕수수, 면화를 키우는 농부들은 자기 목숨과도 같은 땅을 버리거나 심지어 삶을 포기하기도 해요. 또 스마트폰이나 노트북을 만드는 데 필요한 광물을 손으로 채취하는 노동자들은 휴대폰 하나 쉽게 구입하지 못하고 있고요. 왜 이런 일이 있는 걸까요?

여러분이 이 질문을 스스로 한다면 문제를 해결하기 위한 첫걸음이 비로소 시작되는 거예요. 우리 곁에 늘 있고 언제든 살 수 있는 초콜릿이나 바나나, 설탕은 누구의 손으로 만들어진 것일까요? 백화점에 화려하게 진열되어 있는 티셔츠들은 어디에서 어떻게 만들어져 여기까지 왔을까요? 스티브 잡스처럼 뛰어난 사업가만 있으면 휴대폰은 척척 만들어질 수 있는 걸까요? 모두가 1등이 되려고 하면 어떤 세상이 되는지, 이 책에 나오는 세계의 주인공들이 왜 가난한 삶을 살 수밖에 없었는지, 그리고 공정무역 휴대폰을 만드는 '페어폰' 사람들이 왜 '우리들의 목표는 1등이 아니'라고 했는지 여러분도 잘 알게 될 거예요.

이제 책장을 넘기면 이 질문에 대한 답을 찾을 수 있는 여행을 떠나게 될 거예요. 어떤 이야기가 기다리고 있을까요? 공정무역을 만나러 가는 길에 한 가지만 꼭 기억해 주세요. 모든 사람의 노동은 귀하다는 것을 말이에요. 그리고 네팔 친구 '바부'와 같은 어린이는 보호받을 권리가 있고, 꿈꿀 자유가 있다는 것을요. 자 그럼, 더 나은 세상을 만드는 공정무역 여행을 떠나 볼까요?

차례

책을 펴내며 _ 왜 열심히 일하는 사람들이 점점 더 가난해질까요? • 6

공정한 스마트폰 • 15
_ 반디 음부비, '분쟁광물'을 세계에 알리다

좋은 카카오 농부 • 47
_ 카카오 농부 코피, 농부가 주인인 회사를 만들다

티셔츠는 어디에서 왔을까? • 77
_ 목화 농부 크리슈난, 공정한 패션을 이야기하다

바나나, 제값을 찾아 주세요 • 103
_ 콜롬비아 농부 폰초, 바나나의 공정한 가격을 요구하다

사탕수수 농장의 진짜 주인 • 131
_ 사탕수수 농부 케이시, 설탕의 역사를 이야기하다

공정한 스마트폰

반디 음부비,
'분쟁광물'을 세계에 알리다

CONGO

콩고민주공화국_중앙아프리카의 적도에 걸쳐 있는 아프리카에서 세 번째로 큰 나라이다. 수도는 킨샤사이며 화폐는 콩고 프랑이다. 지하자원이 풍부한 국가로 손꼽힌다.

> **"여러분은 휴대폰이 없는 세상을 상상할 수 있나요?"**

반디(Bandi Mbubi)의 이 말을 듣고 청중들은 "아니오."라고 하며 고개를 저었어요. 이 질문을 한 반디는 덩치가 크고 건장한 남자예요. 그는 영국에서 노숙자를 돕는 시민단체에서 일하며 사회운동을 해 왔어요. 그런데 지금 반디가 더 열심히 하는 일은 '콩고 콜링(Congo Calling)'이라는 단체 활동이에요. 이 단체는 반디의 고향인 콩고민주공화국이 지금 어떤 상황에 놓여 있는지 전 세계에 알리는 일을 하고 있어요. 콩고민주공화국은 휴대폰을 만드는 데 꼭 필요한 원료를 가장 많이 가진 나라인데, 이 원료 때문에 일어나는 문제가 아주 심각하거든요.

반디에게는 휴대폰 때문에 고향을 떠나 영국으로 도망칠 수밖에 없었던 슬픈 사연이 있어요. 도대체 무슨 일이 있었던 걸까요. 그는 수백 명이나 되는 청중 앞에서 가장 먼저 휴대폰이 없는 세상을 상상할 수 있는지 물어보았어요.

휴대폰이 없는 세상이라니! 만약에 휴대폰이 없으면 당장 어떤 일이 일어날까요. 친구들과 주고받는 문자나 '카톡' 메시지를 볼 수 없을 뿐더러 좋아하는 가수의 노래도 다운 받을 수 없어요. 물론 재미난 게임도 할 수 없겠죠. 그럼 부모님이나 선생님하고는 어떻게 연락해야 할까요. 벌써 머릿속이 아득해지는 친구도 있을 거예요.

이제 단 하루도 휴대폰 없는 생활을 상상할 수 없게 돼 버렸어요. 그런데 우리가 어쩌면 단 한 번도 궁금해 하지 않은 것이 있어요. 휴대폰은 누가 만들까요? 스티브 잡스처럼 유명한 기업인의 창의력만 있으면 휴대폰이 탄생하는 걸까요? 휴대폰을 소리 내게 하고 진동을 울리게 하는 근본 기술은 과연 무엇일까요?

이 부분은 반디의 질문과도 연결이 돼요. 휴대폰과 반디의 불행했던 삶은 아주 깊은 관련이 있기 때문이에요. 반디는 아프리카 콩고민주공화국에서 영국으로 망명했어요. 벌써 20여 년 전 일이에요. 망명은 자신이 태어난 나라에서 살고 싶지만 전쟁이나 기근, 정치 문제 때문에 다른 나라로 옮겨 가서 살 수밖에 없는 걸 뜻해요.

반디의 고향 콩고민주공화국은 아프리카 중부, 콩고 강

검은 황금이라 불리는 콜탄 ⓒflicker

근처에 있는 나라예요. 국토 면적이 한반도의 약 10배나 되는데, 아프리카에서도 세 번째로 면적이 넓은 나라예요. 뿐만 아니라 비가 많이 내리기 때문에 아마존 다음으로 큰 열대우림이 있는 곳이기도 해요. 아프리카 전체 열대 우림의 절반 이상을 차지할 정도이지요. 게다가 콩고민주공화국에는 구리, 코발트, 금, 주석, 망간 같은 천연자원이 아주 풍부하게 매장되어 있어요.

그 가운데 '콜탄'이라고 하는 광물이 있어요. 아무런 정보 없이 보면 그저 돌멩이나 흙덩이에 지나지 않아요. 하지만 콜탄을 정제하면 '탄탈룸'이라는 금속 분말이 나오는데, 이 가루가 전기를 꽉 붙들어 두는 신기한 힘을 가지고 있어요. 이 힘을 바탕으로 전기를 저장하는 배터리를 만들 수 있는 것이지요. 이런 독특한 성질 때문에 콜탄은 전자기기를 만드는 데 반드시 써야 하는 광물이 되었고, 그래서 1킬로그램에 600달러(약 68만 원)가 넘는 값비싼 광물로 거래되고 있어요.

콩고민주공화국은 그런 콜탄을 세계에서 가장 많이 보유하고 있는 국가예요. 요즘은 휴대폰과 노트북 같은 여러 가지 전자 제품이 대량으로 생산되고 소비되는 사회예요. 이처럼 하루가 다르게 발전하는 정보통신(IT)산업에 발맞춰 콩고민주공화국의 콜탄 수출도 해마다 증가해 왔어요. 그런데 불행히도 콩고민주공화국은 콜탄 때문에 아주 가난하고 부패한 나라가 되었어요. 반디도 그 콜탄을 서로 갖기 위해 총을 겨눈 사람들 때문에 영국으로 도망칠 수밖에 없었던 거예요.

콜탄을 채취하고 있는 콩고의 어린 노동자
ⓒflicker

"가족과 친구들이 참을 수 없을 만큼 그리웠어요."

반디는 콜탄 광산에서 강제 노동으로 고통받고 있는 가족과 친구들을 떠올리며 악몽에 시달렸어요. 뿐만 아니라 콜탄을 차지하기 위해 같은 나라 사람들끼리 총을 겨누며 전쟁을 벌이는 모습을 뉴스에서 보고 들을 때마다 고향으로 달려가고 싶은 마음이 굴뚝같았어요. 그러나 무엇보다 반디를 화나게 한 것은, 콜탄이 국제 시장에서 비싼 값에 거래되고 있는데도 콩고민주공화국 사람들은 여전히 가난에 쪼들리고 있다는 사실이었어요.

석유 매장량이 풍부한 중동 지역이나 노르웨이, 캐나다 같은 나라에서는 석유 수출로 많은 부를 쌓았어요. 그럼으로써 국민들에게 무상교육이나 무상의료 같은 복지정책을 펼쳐서 고르게 잘 사는 국가를 만들려고 노력해 왔어요. 하지만 콩고민주공화국은 전혀 그러지 못했어요. 희귀한 천연자원이 풍부함에도 불구하고 오히려 정반대의 방향으로 나아갔어요. 1인당 국민소득은 여전히 500달러도 채 되지 않았고, 극빈층이 전체 인구의 70퍼센트를 넘었어요. 무엇보다 심각한 문제는 콜탄 광산에 억지로 끌려가서 맨손으

로 흙을 파내며 콜탄을 채취하는 어린이가 줄기는커녕 계속해서 늘고 있다는 사실이에요. 심지어 어른 노동자들조차 온종일 힘들게 일하고도 정당한 임금을 받지 못하고 있어요. 일하다가 광산이 무너지거나 이런저런 이유로 몸을 다치는 일도 셀 수 없이 많고, 정부군과 맞서고 있는 반군에게 희생된 사람도 자그마치 700만 명에 이른다고 해요.

이처럼 반디의 고향 콩고민주공화국에서는 콜탄을 서로 차지하기 위해 하루가 멀다 하고 전쟁이 일어나고 있어요. 그런데요, 상황이 이런데도 오늘날 전 세계에서 생산되는 휴대폰은 해마다 10억 대가 넘는다고 해요. 특히 2008년에 미국 애플(Apple)에서 아이폰 3G가 출시되면서 스마트폰 생산량이 아주 빠르게 늘어났어요. 이렇게 많은 휴대폰이 만들어지는 이유를 어디에서 찾을 수 있을까요?

그 까닭은 우선 휴대폰을 갖고 싶어 하는 사람이 그만큼 많아졌기 때문이에요. 우리가 스마트폰이라고 부르는 휴대폰 하나로 이제 웬만한 일은 다 처리하는 세상이 되었으니까요. 어린이나 청소년은 물론이고 심지어 유치원에 다니는 아이들조차 어린이날이나 크리스마스 선물로 휴대폰을 받고 싶어 하는 세상이기도 해요. 더군다나 휴대폰을 유행에 따라 자주 바꾸는 사람도 점점 늘고 있어요.

이런 현상은 오늘날 지구촌 곳곳에서 일어나고 있어요. 세계에서 검소하기로 유명한 독일 사람들조차 이제는 거의 2년에 한 번 꼴로 휴대폰을 바꾼다고 하거든요. 13억 인구의 중국은 어떨까요? 중국에서는 아이폰을 만드는 애플의 인기가 여전히 높은데다가 화웨이나 샤오미 같은 중국 회사들이 빠르게 성장하면서 경쟁이 더욱 치열해지고 있어요. 그런 만큼 신제품이 매달 출시되다시피 하면서 소비자들은 넘쳐나는 휴대폰을 망설임도 없이 바꾸고 있답니다.

휴대폰 생산이 크게 늘어난 또 하나의 이유는, 휴대폰의 수명이 생각보다 길지 않기 때문이기도 해요. 사람들은 대부분 휴대폰을 되도록 오래 사용하고 싶어 해요. 하지만 배터리가 금방 닳아 버리거나 화면이 깨지는 등 수리를 받으러 가면 휴대폰을 새로 구입하는 비용이 더 싸다는 말을 들을 때가 많아요.

여러분이 갖고 있는 휴대폰 상태는 어떤가요? 여러분도 잘 알다시피, 휴대폰의 수명이 다 하지 않더라도 하루가 다르게 변하는 기술 때문에 신형 휴대폰은 얼마 못 가 구식 제품이 되어 버려요. 최신 기기로 새로 나온 프로그램을 다운 받고, 더 빠른 속도로 게임도 즐기고 싶은데 말이죠.

> **" 내 고향은 콩고민주공화국인데,**
> **휴대폰의 고향은 어디일까요? "**

우리는 새로 나올 휴대폰을 기다리며 디자인과 성능에 관심을 가져요. 또 애플이나 삼성이 어떤 신제품을 만들어 낼지 주목해요. 특히 애플에서 새로운 제품을 내놓을 때마다 전 세계는 들썩이죠. 제품이 판매되기 전날부터 매장 앞에서 밤을 새우는 사람이 있을 정도이니 그 인기가 얼마나 대단한지 알 수 있어요.

그런데 한 가지 빠진 것이 있어요. 그러는 사이 우리는 '일하는 사람들'의 존재를 까맣게 잊고 있다는 거예요. 휴대폰 생산에는 상상한 것보다 훨씬 많은 노동자가 참여하거든요. 휴대폰에 들어가는 광물을 채취하는 아프리카 노동자부터 공장에서 부품을 조립하는 이들까지, 모든 작업은 사람의 힘으로 이루어지는 거예요.

휴대폰은 어디에서 왔을까요? 여러분이 갖고 있는 휴대폰 뒷면이나 배터리 꽂는 부분을 보면 많은 경우 'Made in China'라고 적혀 있을 거예요. 그러면 휴대폰의 고향은 중국일까요? 반은 맞고 반은 틀린 답일 거예요. 휴대폰에 들어가는 부품이 한 곳으로 모이는 곳은 대부분 중국이나 동

남아시아 곳곳에 있는 공장이에요. 이들 공장에서 휴대폰에 들어가는 칩이나 렌즈 등이 하나하나 조립이 돼요. 여러 부품이 다 조립된 휴대폰은 상자에 포장되어 세계 곳곳으로 팔려나가요.

휴대폰의 고향이 중국이라는 답에 반은 틀렸다고 했는데, 그 이유는 휴대폰에 들어가는 핵심 부품의 고향이 아프리카나 아시아 등 다양한 지역에 분포되어 있기 때문이에요. 특히 배터리의 전기를 저장하는 원료나 진동을 일으키는 데 필요한 광물은 거의 아프리카 콩고민주공화국에서 와요. 앞서 이야기했듯이 콜탄이라는 천연자원의 전 세계 매장량 가운데 90퍼센트가 콩고민주공화국에 있거든요. 이 콜탄을 사람들은 주석, 금, 텅스텐과 더불어 4대 분쟁광물이라고 불러요.

반디는 연설에서 이렇게 말해요.

"휴대폰에는…… 핏자국이 서려 있습니다. 이 모든 것은 단 하나의 광물, 탄탈룸 때문에 일어난 일이에요. 탄탈룸은 콩고에서 콜탄의 형태로 채굴되는데, 녹이 슬지 않는 열전도체랍니다. 아주 적은 함량으로도 에너지를 저장하는 데 효과적이라 휴대폰, 노트북, 의료 장비 등 다양한 전자기기에 사용되죠."

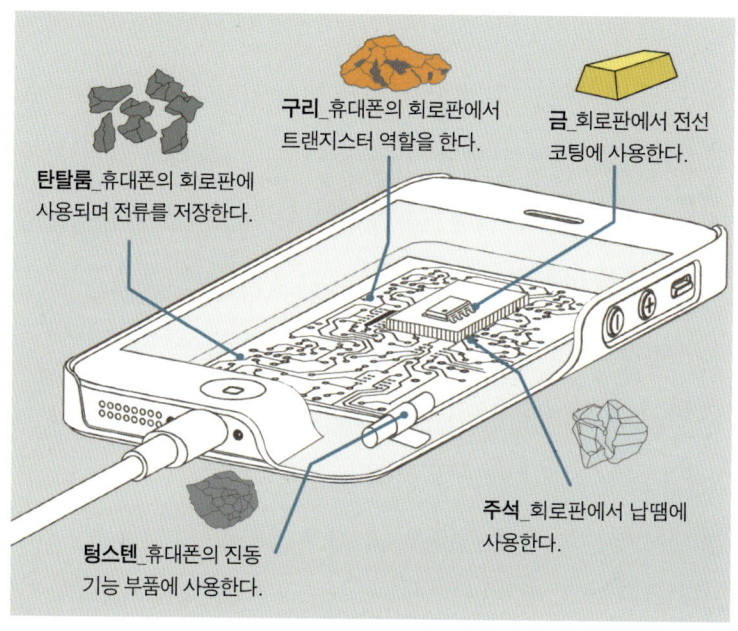

구리_휴대폰의 회로판에서 트랜지스터 역할을 한다.

금_회로판에서 전선 코팅에 사용한다.

탄탈룸_휴대폰의 회로판에 사용되며 전류를 저장한다.

텅스텐_휴대폰의 진동 기능 부품에 사용한다.

주석_회로판에서 납땜에 사용한다.

반디는 콩고민주공화국에 저주를 가져다 준 콜탄을 '피의 광물'이라고 했어요. 그만큼 많은 사람들이 콜탄 때문에 희생되었다는 것을 의미해요. 한낱 돌멩이나 흙덩이에 불과하다고 생각했는데, 이게 큰돈을 가져다준다는 걸 많은 사람들이 알게 된 뒤부터 주인 없는 광산을 차지하기 위해 총을 들고 전쟁을 벌였죠. 그 사이에서 희생된 아이들, 민간인들이 너무나 많아요.

우리가 늘 가지고 다니는 휴대폰과 자연에서 만들어진 광물이 이렇게 연결되어 있다니 놀랍지 않나요? 휴대폰에는 콜탄 뿐만 아니라 적어도 30가지가 넘는 광물이 들어가요. 텅스텐이라는 회색빛을 띠는 광물이 있는데, 이 광물은 진동모터를 만드는 데 쓰이고 있어요. 전화를 받거나 문자 메시지를 받을 때 진동모드로 해 두면 '잉-잉-'하는 울림을 느낄 수 있잖아요. 그 진동을 일으키는 물질이 바로 텅스텐이에요. 그리고 금도 휴대폰 곳곳에 들어가 있어요. 금은 반지나 목걸이 같은 보석에만 사용되는 것이 아니라 전도율이 뛰어나기 때문에 산업용 광물로도 많이 쓰여요. 휴대폰에서는 전선을 코팅하고 회로기판을 만드는 데 금이 사용된답니다.

그런데 문제는, 휴대폰에 들어가는 광물 대부분이 유엔(UN)에서 지정한 분쟁지역에서 공급된다는 사실이에요. 그 분쟁지역은 콩고민주공화국, 수단, 르완다, 우간다, 잠비아 등 아프리카 10개 나라예요. 그러니 휴대폰의 고향은 또한 아프리카인 셈이지요.

> "광산 주인은 바뀌지만
> 우리의 삶은 아무런 변화가 없어요."

콜탄이나 텅스텐 같은 광물은 어떻게 채취할까요? 놀랍게도 아주 원시적인 과정을 거쳐서 휴대폰으로 들어가요.

누군가 허름한 옷을 걸친 채 큼직한 대야를 들고 콜탄 광산으로 가면 휴대폰 생산을 위한 첫 단계가 시작돼요. 여럿이 한 조를 이루기도 하는데, 여기에 채굴용 기계가 있다거나 안전 장비를 갖춘 사람은 거의 없어요. 콜탄은 손이나 간단한 도구로도 채굴할 수 있거든요. 진회색 돌무더기를 골라서 대야에 담고 물을 넣은 뒤 가라앉은 침전물을 걸러 내요. 양동이로 주변에서 퍼 온 뿌연 강물을 부은 뒤 가라앉은 콜탄을 채취하기도 하죠.

간단하고 쉬운 작업처럼 보이지만 콩고민주공화국에서 일하는 사람들의 얼굴은 전혀 밝지 않아요. 언젠가 한 외국인이 이 지역을 취재한 적이 있는데, 그들은 주위 눈치를 살피면서 이렇게 말했다고 해요.

"……지반이 언제 무너질지 몰라서 작업할 때마다 불안에 떨어야 합니다. 계속 광산을 파 들어가야 하기 때문에 폭탄을 써서 쾅쾅 터뜨리는데, 금방이라도 어딘가 무너져 버릴 것만 같아서 겁이 나요. 그게 내 머리 위가 될 수도 있고, 발밑이 될 수도 있습니다."

콩고민주공화국에서는 콜탄 광산을 둘러싼 문제가 복잡하게 얽혀 있어요. 정부와 정부에 대항하는 무장 반군들 사이에서 광산 소유권을 두고 1990년대부터 전쟁이 끊이지 않고 있거든요. 콩고민주공화국의 반군은 정의나 평화가 아닌 천연광물을 팔아 돈을 버는 데 혈안이 되어 있어요. 오로지 돈을 벌기 위해서 어린아이들을 납치해 총을 들게 하고 강제로 콜탄을 캐는 노동을 시켜요. 하루에 한 끼도 제대로 먹을 수 없을 만큼 적은 임금만 주면서 말이지요.

광산 노동자들과 아이들이 살고 있는 동네는 폭탄을 맞은 듯 폐허가 된 곳이 대부분이에요. 창문이 다 깨져서 바람이 숭숭 들어오는 판잣집, 공사장에 버려진 비닐장판을 지붕 대신 얼기설기 얹어 놓은 집, 방에 책상조차 하나 없는 이런 집에서 광산에서 돌아온 아이들과 어른들이 지친

강바닥 진흙을 긁어서 대야에 넣고 휘저으면 무거운 콜탄이 가라앉는다. ⓒflicker

몸을 누이고 있어요. 학교에 갈 시간인데도 아침부터 총을 어깨에 메고 어슬렁거리며 돈을 구걸하는 아이들도 흔하게 볼 수 있죠. 총을 들지 않으면 대야를 들고 광산으로 가서 어른들과 뒤섞여 하루 종일 콜탄을 캐요. 그래야만 돈을 벌 수 있고 그래야 주린 배를 채울 수 있으니까요.

이제 15살 된 마크도 무장 반군에게 납치되어 소년병이 되었어요. 마크는 어두운 얼굴로 이렇게 말해요.

"집으로 가던 길에 갑자기 들이닥친 군인들에게 이끌려 여기까지 오게 됐어요. 그때 같이 끌려온 친구도 있지만, 죽었는지 살았는지 생사를 모르는 친구도 많아요."

마크는 반군의 감시 때문에 시키는 일만 해야 했어요. 연필 대신 총을 들고 콜탄 광산에서 일하는 친구들을 감시하는 군인이 된 거예요. 마크는 정부군이 광산을 차지하든 다른 반군이 차지하든 자신과는 아무런 관계가 없다고 푸념해요. 누가 광산을 가져도 자신들에게 돌아오는 돈은 하루에 1, 2달러밖에 되지 않거든요. 마크는 풀 죽은 얼굴로 이렇게 이야기해요.

"우리가 살고 있는 마을이나 광산에 총소리가 나면 주변은 붉은 핏빛으로 가득 차요. 그럴 때마다 광산의 주인이 바뀌지만 우리의 삶은 아무런 변화가 없어요. 그냥 차라리 몸을 다쳐서 병원에서 쉬고 싶어요."

광산 현장에서 희생되는 건 사람만이 아니에요. 콩고민주공화국은 브라질 다음으로 빽빽한 열대우림이 있는 나라예요. 문제는 이 밀림에 콜탄이 많이 묻혀 있다는 거예요. 콜탄을 채취하려면 나무를 베어 낼 수밖에 없어요. 휴대폰 생산량이 늘면서 콜탄 가격이 과거와 달리 20배 이상 뛰니, 나무를 베고 콜탄을 채굴하느라 열대우림은 조용할 날이 없었어요.

그곳에 사는 건 사람이 아닌 고릴라와 코끼리 같은 야생 동물이었어요. 카후자 비에가 국립공원에 있던 고릴라는 약 280마리였는데 숲이 파괴되는 과정에서 그 절반도 살아남지 못했어요. 또 그곳에 살던 코끼리도 350마리에서

콩고에 서식하는 고릴라 ⓒflicker

이제 겨우 2마리만 남았어요.

"화장실에 가는 시간도 눈치를 봐야 해요."

문제는 여기서 끝나지 않아요. 휴대폰 부품을 생산하고 조립하는 공장에서도 노동자들의 노동권 문제가 끊이지 않고 있어요. 미국이나 유럽에서 성공한 기업들은 흔히 중국에 공장을 세워 생산 단가를 낮춰요. 아직까지 중국은 일하는 사람들의 인건비가 낮은 편에 들거든요. 쉽게 말하면 유럽에서는 1시간에 최저임금으로 1만원에서 2만원을 줘야 돼요. 하지만 중국에서는 약 3분의 1인 3천 원이 최저임금이라 그만큼 기업에서는 비용을 아낄 수 있는 거예요.

특히 대만에 본사를 두고 있는 폭스콘(Foxconn)이라는 기업은 중국에 공장을 세워 120만 명을 고용했어요. 폭스콘은 애플이나 삼성처럼 자기 회사 제품을 만들지는 않지만 HP, 델(Dell) 같은 세계적인 기업의 제품을 위탁받아 생산하는 곳이에요. 전 세계 컴퓨터의 40퍼센트 이상은 이 폭스콘 공장에서 조립되어 판매된다고 봐도 돼요. 하지만 최근까지도 이 공장에서는 젊은 노동자들이 스스로 목숨을 끊는 일이 자주 일어났어요. 고등학교를 갓 마친 18살에서 20대 초반의 청년들이 쉼 없이 감시당하며 일하지만 언제 해고될지 몰라 불안에 떨다가 결국 삶을 저버린 거예요.

중국 노동자들은 전자기기에 부품을 끼우고 조립하는 일을 하루에도 수천 번씩 반복해요. 단조롭게 되풀이되는 작업도 고되지만, 일터에서의 작업 환경이 노동자들에게는 더 큰 부담이에요. 작업 중에는 옆 동료와 대화를 나누는 것도 금지되어 있고, 화장실에 가는 시간도 실적에 마이너스가 될까 봐 눈치를 봐야 해요. 또 일하다 실수라도 하면 배상금을 물어야 한다는 불안에도 시달리고 있어요.

2010년 무렵 전 세계 사람들의 눈과 귀가 이 공장으로 쏠린 적이 있는데, 그동안 17명이 자살했다는 조사 기록이 드러났기 때문이었어요. 이 과정에서 휴대폰에 분쟁광물이 포함되어 있고 노동자의 인권이 짓밟히고 있다는 것을 알게 된 거예요.

  그 해 여름, 미국 워싱턴의 한 휴대폰 매장 앞은 새로 출시된 아이폰을 사려는 사람들의 행렬이 기다랗게 이어졌어요. 그런가 하면 이 행렬의 맞은편에는 플래카드와 팻말을 들고 선 한 무리의 사람들도 보였어요. 플래카드와 팻말에는 '콩고민주공화국 반군과 거래한 분쟁광물을 사용하지 말라!' '아동 노동으로 만들어진 휴대폰에 반대한다!' '중국 노동자들의 작업 환경을 개선하라!'고 쓰여 있었어요. 그들은 아프리카와 중국의 노동자들이 어떻게 일하고 있는지 알려야 한다고 뜻을 모은 시민들이었어요.

"공정한 휴대폰을 만들 수는 없을까요?"

우리는 이제 휴대폰에 들어가는 여러 가지 광물에 분쟁지역 사람들의 피와 눈물이 스며 있다는 것을 알게 됐어요. 그리고 휴대폰을 조립하는 과정에서 수많은 노동자들이 고통받고 있다는 것도 살펴봤어요. 그렇다면 이런 현실을 바꿀 수 있는 방법은 무엇일까요? 사실 휴대폰을 만들고, 홍보하고, 세계 시장에 유통시키는 것은 결코 쉬운 일이 아니에요.

반디는 강연회 막바지에서 이런 말을 했어요.

"최근에는 먹을거리는 물론이고 우리가 입는 옷에 대한 공정무역에도 관심이 높아지고 있습니다. 공정무역은 공정한 거래를 뜻합니다. 가난한 나라에서 힘들게 일하는 사람들과 거래하려면 그게 무엇이든 공정하게 제값을 지불해야 한다는 것입니다. 그러므로 이제는 휴대폰에도 공정무역을 요구해야 합니다. 누구나 가지고 다니는 이 물건이 어디에서 어떻게 만들어졌는지 이제는 알아야 하지 않을까요?"

공정무역 휴대폰이라니! 이익이 줄어들 게 뻔한 공정무

분쟁광물 사용 금지를 위해 애플 판매장 앞에서 시위하는 소비자들
ⓒhttp://www.ethicalconsumer.org

역 휴대폰을 생산할 기업이 과연 있을까요? 뿐만 아니라 애플이나 삼성 같은 대기업이 아니면 휴대폰 생산에 필요한 자본이나 기술을 감당하기 어려울 텐데요. 그런데 그런 꿈만 같은 이야기를 현실로 만들어 가고 있는 사람들이 정말 있어요. 이들은 네덜란드 암스테르담에 살고 있는 청년 기업가들이에요. 그 네덜란드 청년들은 2013년부터 공정한 휴대폰이라는 뜻의 '페어폰(Fair Phone)'을 만들고 있답니다. 하지만 처음부터 휴대폰 회사를 세울 계획이 있었던 건 아니었어요.

지금 페어폰을 이끌고 있는 아벨(Bas van Abel)은 원래 디

페어폰 대표를 맡고 있는 아벨(Bas van Abel) ⓒflicker

자이너로 일하던 사람이었어요. 그는 바그 소사이어티(Waag Society)라는 단체에 소속되어 있었는데, 이 단체에서 처음 페어폰에 대한 아이디어가 싹트기 시작했어요. 바그 소사이어티는 한 마디로 정의하기 어려운 단체예요. 기업도, 시민단체도, 그렇다고 연구소도 아니거든요.

바그 소사이어티는 디자이너, 예술가, 공학 기술자들이 모여서 사회 문제를 해결하기 위한 방법을 연구하고 실험하는 곳이에요. 그렇다고 흰색 실험복을 입고 딱딱한 분위기에서 보고서를 써내는 곳은 아니에요. 그보다는 저마다 직업을 가지고 자기 분야에 대한 고민거리를 나누는 동아리 같은 곳이라고 볼 수 있어요. 예를 들어 파키스탄처럼 분쟁이 자주 일어나는 나라에서는 무차별 폭격으로 인해 민간인이 팔이나 다리를 잃기도 해요. 그런데 그들은 대부분 가난하기 때문에 값비싼 의족을 구입하기 힘들어요. 이런 문제를 해결하기 위해 바그 소사이어티의 디자이너와 기술자들은 아이디어를 모아 4천 달러(약 480만 원)에 이르는 의족을 단돈 50달러(약 6만 원)만으로 새롭게 만들어 냈어요. 이런 의족을 개발해서 파키스탄 같은 나라에 보급하자는 것이 그들이 무엇보다 중요하게 여기는 일인 거예요.

2010년 바그 소사이어티에서는 휴대폰 생산 과정에서 생기는 문제를 시민들에게 알리는 캠페인을 시작했어요. 휴대폰에 들어가는 분쟁광물과 어린이 노동, 노동자 인권 침해에 대한 내용이었어요. 이들이 캠페인을 시작한 이유는 전자기기가 만들어지는 과정이 얼마나 많은 사람과 연결되어 있는지 알리는 것이었어요. 이 캠페인은 무려 3년 동안이나 진행되었어요. 그런데 캠페인을 하다 보니 고민이 생겼어요. 많은 사람들이 휴대폰 생산 과정에 문제가 있다는 건 알게 됐지만, 이 문제를 해결할 방법이 딱히 없다는 사실이었어요. 하지만 바그 소사이어티 사람들은 용기를 냈어요. 분쟁광물을 쓰지 않고 노동자들의 권리를 해치지 않는 공정한 휴대폰을 스스로 만들기로 마음먹은 거예요.

때마침 미국에서는 분쟁지역 광물을 못 쓰도록 하는 법이 새로 만들어졌어요. 전자기기를 생산해서 유통시키는 회사의 주식이 미국에 상장되어 있으면 어디에서 광물을 채취했는지 반드시 밝혀야 한다는 법이에요. 이 법은 분쟁지역의 광물이 인종 학살이나 노예 노동을 일삼는 반군들을 위해 쓰이지 않도록 하려고 만들어졌어요. 이 법안이 통과되자 기업들은 긴장할 수밖에 없었어요. 왜냐하면 컴퓨터와 휴대폰 등 웬만한 전자기기에는 분쟁지역의 광물이 쓰이고 있었거든요. 그들은 부랴부랴 자기 회사 제품에 들어가는 광물이 어디에서 왔는지 확인하기 시작했어요. 사실 콩고민주공화국에서 생산된 광물이지만 엉뚱하게 르완다에서 생산된 거라고 표기된 광물도 적지 않았어요.

이런 상황에서 바그 소사이어티는 2013년에 페어폰(Fair Phone)이라는 사회적 기업을 세웠어요. '사회적 기업'은 이윤 창출과 사회 문제 해결이라는 두 가지 목표를 동시에 달성하기 위해 애쓰는 기업을 뜻해요. 그렇다면 페어폰이 만드는 휴대폰은 무엇이 다를까요?

"우리들의 목표는
1등이 아니에요."

페어폰은 생산 과정뿐 아니라 휴대폰을 누구나 오래 쓸 수 있도록 하기 위해 몇 가지 장치를 마련했어요. 먼저 생산 과정부터 살펴볼까요?

페어폰에 들어가는 텅스텐이나 금, 탄탈룸은 지역 주민을 착취하지 않은 광물이에요. 이제껏 알아본 것처럼, 휴대폰에 들어가는 광물 대부분은 민간 무장 단체에 돈이 흘러 들어가 그들의 주머니만 채우는 일이 많았거든요. 사실 현지에 직접 가보지 않은 회사 경영자들은 아프리카 광산에서 어떤 일이 일어나고 있는지 잘 몰라요. 언젠가 한 언론인이 콜탄 200톤을 매달 수입하고 있는 독일 회사 관계자에게 현장을 직접 방문한 적이 있느냐고 물은 적이 있어요. 그때 그는 이런 말을 들었다고 해요.

"아니오. 내가 직접 본 적은 아직 없습니다. 아동노동이요? 아프리카에서는 흔한 일입니다. 그곳의 아동노동은 어쩔 수 없는 일이에요. 아무도 없앨 수 없어요. 그건 우리 능력 밖의 일입니다."

그들은 광물이 어디에서 어떻게 생산되는지 전혀 관심

ⓒflicker

이 없었어요. 단지 가격이 얼마이고, 어느 정도로 수입할 수 있는지가 중요할 따름이었죠. 그들은 자선 운동이 아닌 '사업'을 한다고 믿었으니까요. 하지만 페어폰은 그러지 않았어요. 콩고민주공화국, 르완다 등 부품에 들어가는 광물이 생산되는 현지 광산을 직접 방문했어요. 그러고는 반군이 지배하는 곳이 아닌 지역 주민들이 생계를 위해 광물을 채굴하는 곳과 계약했답니다. 눈으로 직접 보고 광산 현장을 둘러보지 않으면 이 거래가 공정한지 아닌지 알 수 없었거든요. 그러니 페어폰에 들어가는 주요 광물들은 대부분 중간 거래상을 통하지 않은 직접 거래인 셈이에요. 이렇게 해야 반군에게 자금이 흘러들어갈 걱정 없이 제대로 된 작업 환경에서 채굴한 광물을 얻을 수 있어요.

또한 페어폰에서는 부품 조립 공장을 선택하는 데도 남다른 기준을 세웠어요. 최저임금을 보장하고 실적을 강요하지 않으면서, 환기가 잘 되는 등 작업 현장에 안전 장비를 잘 갖춘 공장이 있는지 찾아다녔어요. 그런데 페어폰에서 바라는 조건에 맞는 공장을 찾기가 너무 어려웠어요. 이런 노동 조건을 받아들일 수 있는 공장이 많지 않았던 거예요.

이런저런 고생 끝에 중국 충칭에 있는 한 공장과 계약을 맺었어요. 이 공장에서는 노동자 한 사람이 페어폰을 1대 만들 때 9.5 유로(약 1만 2천 원)의 임금을 가져갈 수 있도록 책정했어요. 보통 휴대폰 1대를 만들 때 3유로(약 4천 원)를 받을 수 있었는데, 여기에 비하면 페어폰은 약 3배를 더 지불하기로 한 거였죠. 그렇다고 해서 페어폰이 다른 휴대폰보다 월등히 비싼 건 아니에요.

페어폰 가격은 처음 나온 기종이 325유로(약 45만 원)였고, 최근에 나온 제품(Fair Phone2)은 529유로(약 67만 원)예요. 다른 기업 휴대폰과 비슷한 가격이지만 휴대폰을 만드는 노동자들에게 적정한 임금을 줄 수 있다는 것을 보여 주고 있는 거죠. 게다가 휴대폰 1대를 생산할 때마다 노동자 기금으로 약 2500원이 적립되어 일하는 사람들의 복지에 쓰이고 있답니다.

"공정한 스마트폰, 얼마든지 만들 수 있어요."

페어폰은 숨기는 것이 없는 투명한 휴대폰이기도 해요. 제조 과정이 모두 홈페이지(www.fairphone.com)와 블로그(www.fairphone.com/en/blog/)에 공유되거든요. 또 부품을 만드는 데 돈이 얼마나 드는지 온라인 홈페이지에 공개하고 있어요. 뿐만 아니라 어떻게 하면 휴대폰을 좀더 오래 쓸 수 있는지도 친절하게 알려줘요. 하지만 보통 기업들은 치열하게 경쟁하면서 빠른 속도로 신제품을 만들어 내기 바빠요. 갖가지 휴대폰이 쏟아져 나와서 놀라운 기능과 다양한 색상, 화려한 디자인으로 우리를 유혹하죠.

지금보다 휴대폰을 더 오래 써야 광물 채굴도 줄일 수 있어요. 휴대폰을 얼마 쓰지도 않고 바꾸는 것은 환경오염을 더욱 악화시키는 원인이 돼요. 환경부 조사에 따르면, 2013년의 경우 우리나라에서는 휴대폰 3300만대가 공장에서 출고되었는데, 버려지는 휴대폰은 무려 1800만대였다고 해요. 사정이 이렇다 보니 세계 전자쓰레기 배출량은 해마다 4~5천만 톤에 이를 만큼 어마어마해요. 이 전자쓰레기를 처리할 때 많은 양의 물과 대기가 오염되죠.

버려지는 휴대폰 충전기들. 미국 사진작가 크리스 조르단(Chris Jordan)의 작품
ⓒChris Jordan

이 같은 환경 문제를 조금이라도 줄이기 위해서 페어폰은 휴대폰을 직접 수리할 수 있는 방법을 알려주고 있어요. 이제 어떤 이유로든 환경 문제를 생각하지 않을 수 없으니까요. 휴대폰의 진짜 주인은 휴대폰 회사가 아니라 휴대폰을 구입해서 갖고 있는 사람들이에요. 그래서 페어폰은 이어폰이나 충전기를 따로 만들지도 않고 기본적으로 제공하지도 않아요. 이미 갖고 있는 휴대폰 장비로도 얼마든지 사용할 수 있도록 접촉 코드를 2개 만들거든요.

이처럼 환경과 인권을 생각하는 휴대폰이 출시된다는 소식이 처음 전해졌을 때, 9만 명 넘는 사람이 페어폰 페이스북에 '좋아요' 버튼을 눌렀어요. 첫 판매가 시작되었을 때 금세 6만 대가 판매되었어요. 그리고 인기에 힘입어 15만 대를 더 생산해서 판매의 가속도를 올렸답니다. 이들의 이야기가 네덜란드를 넘어 전 세계에 알려지면서 더 많은 사람들이 페어폰에 관심을 기울이고 있어요.

페어폰은 이제껏 어느 기업도 쉽게 하지 못한 일을 해냈어요. 광물 가격을 생산자들에게 공정하게 지불하고, 노동자의 인권을 존중하는 생산 체제를 갖추려고 노력했어요. 하지만 페어폰을 만든 사람들은 아직 부족한 게 많다고 말해요. 진정한 의미의 '공정'(fair 페어)과는 아직 거리가 있다

스스로 조립하고 수리할 수 있도록 연구하는 페어폰 사람들 ⓒflicker

는 거죠. 주요 부품은 공정무역 인증을 받은 광물로 만들고 있지만 그 밖의 광물은 어디에서 생산되었는지 명확히 알 수 없기 때문이라고 해요. 광물이 거래되는 과정은 너무 복잡해서 정말 그 원료가 있던 곳을 추적하기 힘든 경우가 많거든요.

그럼에도 불구하고 페어폰 사람들은 100퍼센트 공정한 휴대폰을 만들기 위해 애쓰고 있어요. 페어폰의 목표는 세계 휴대폰 시장에서 1등 하는 것이 결코 아니에요. 많이 팔아서 큰 수익을 얻는 것이 아니라 오늘날의 전자기기 시장에 작은 균열이라도 내는 것이 목표라고 강조해요. 광물 채굴부터 휴대폰 생산과 재활용에 이르기까지, 사람과 환경에 덜 해로운 전자제품을 만들자는 메시지를 전하려는 것이죠. 다른 회사라면 신제품 출시에 맞춰 광고부터 준비할 텐데, 페어폰이 따로 광고를 하지 않는 까닭도 바로 그거였어요. 그들은 이렇게 말해요.

"우리는 가장 효과적인 방식으로 불공정에 맞서 싸우려고 합니다. 힘을 모아서 함께, 서로 연대해서 말이죠. 아동 노동과 노동 착취가 없는 광산으로부터 제값에 원료를 구입해서 공정한 휴대폰을 생산할 거예요!"

반디의 간절한 소망이었던 '공정무역 휴대폰'은 페어폰으로 첫발을 내딛었어요. 그러니 반디의 고향에 전쟁이 아닌 평화가 찾아올 수 있도록 만드는 것은 우리들의 선택에 달려 있어요. 가장 먼저, 지금 여러분이 갖고 있는 휴대폰이 어디에서 왔는지 생각해 보세요. 우리나라에서는 언제쯤 공정무역 스마트폰을 볼 수 있을까요?

좋은 카카오 농부

카카오 농부 코피,
농부가 주인인 회사를 만들다

GHANA

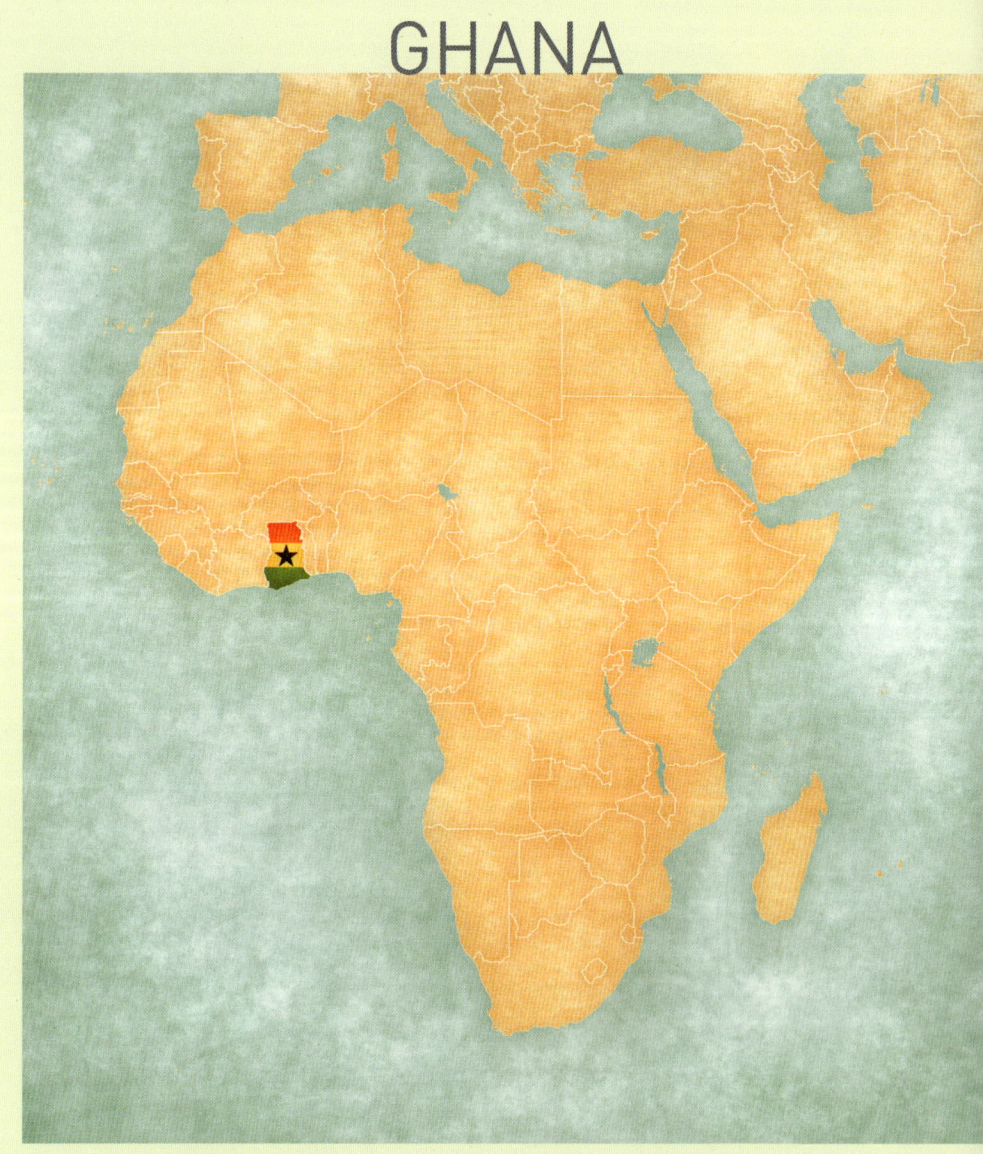

가나_정식 명칭은 가나공화국으로 서아프리카 해안에 위치한 나라이다. 수도는 아크라이며 화폐는 가나 세디이다. 코트디부아르, 부르키나파소, 토고와 인접하고 있다.

> **"이제는 조금씩
> 웃음이 늘기 시작했어요."**

제니퍼는 아버지가 공정무역에 참여하고 있다는 것을 자신 있게 이야기했어요. 제니퍼는 또래보다 큰 키에 체격이 다부져서 한눈에 봐도 야무지고 똘똘해 보였어요. 그는 아프리카 가나의 시골 마을, 페나소 도메브라에 살고 있는 중학생이에요.

"공정무역은 농민들이 진짜 주인인 회사를 만들 수 있는 제도예요. 회사 주식을 갖고 있으면 경영에도 참여할 수 있다면서요?"

그는 어른도 설명하기 어려워하는 공정무역이나 회사의 주식 같은 개념도 척척 말했어요.

제니퍼는 휴일에 카카오 농사를 도울 때가 있어요. 아버지가 카카오 열매를 따면 여동생과 함께 바구니에 옮겨 담는 일이에요. 가끔은 너무 더운데다가 불쑥불쑥 나타나는

벌레들 때문에 농장에서 도망쳐 나오기도 해요. 제니퍼는 주말에 자신이 마음 내킬 때 농장 일을 돕지만, 가끔씩 이런 생각을 한다고 해요.

'내가 만약 학교를 가지 못하고 하루 종일 일만 한다면 어떨까?'

'나만 학교를 다니고 동생은 농장에서 꼼짝 못하고 일해야 한다면, 나 혼자 행복할까?'

제니퍼는 이런 생각을 할 때마다 협동조합 쿠아파 코쿠(Kuapa Kokoo)라는 곳이 더 소중해진다고 해요. 협동조합 쿠아파 코쿠, 처음 들어보는 이름이죠? 제니퍼도 아버지가 이곳에 소속되기 전까지는 아무것도 몰랐어요.

쿠아파 코쿠에 가입하기 전까지 제니퍼의 집은 늘 걱정과 한숨으로 가득했어요. 제니퍼가 살고 있는 가나는 카카오를 대량으로 생산하는 나라이지만 농장에 큰 불이 나거나 카카오를 제값에 받지 못하는 등 많은 일들을 겪었어요. 하지만 이제는 조금씩 웃는 날이 많아지기 시작했어요. 카카오 농사를 짓는 제니퍼 가족에게 무슨 일이 있었던 걸까요?

> **" 가장 달콤하지만
> 가장 아픈 역사를 가지고 있어요."**

　여러분도 초콜릿을 좋아할 거예요. 초콜릿은 어떻게 만들어지기에 사탕과는 전혀 다른 맛이 날까요? 초콜릿의 검은색은 무엇이며, 왜 초콜릿은 사탕처럼 투명하지 않을까요? 카카오 가루를 녹여서 버터와 설탕을 섞으면 초콜릿이 완성될까요? 초콜릿은 우리가 상상하는 것보다 많은 원료가 더해지고 복잡한 과정을 거쳐서 만들어져요. 그리고 그 속에는 아주 많은 이야기가 담겨 있어요.

　여러분은 '초콜릿' 하면 무엇이 가장 먼저 떠오르나요? 달콤함과 동시에 씁쓸한 맛을 떠올릴 거예요. 그리고 어떤 나라 이름 하나가 생각날지도 몰라요. 초콜릿 제품에 아프리카 '가나'라는 나라이름을 쓴 브랜드가 있잖아요.

　초콜릿을 상징하는 검은색은 카카오라는 원료에서 나와요. 카카오는 카카오나무에서 자라는 열매랍니다. 지금 전 세계 600만 명에 이르는 농부들이 초콜릿을 만들기 위해 카카오나무를 키우고 있어요. 카카오나무는 덥고 비가 많이 오는 열대 기후에서 잘 자라요. 또 강한 햇빛을 어느 정도 막을 수 있는 그늘이 필요하기 때문에 숲이 울창한 곳이

카카오나무는 잎이 크고 하얀 꽃이 줄기와 가지에 핀다.

좋아요.

 카카오는 연약하고 예민한 작물이어서 농민들은 주변 환경이나 기후에 아주 민감해요. 적어도 5년가량 나무를 키워야 카카오 열매를 얻을 수 있기 때문에 정성도 많이 쏟아야 해요. 그래서 카카오는 대부분 서아프리카의 가나와 코트디부아르, 중앙아메리카의 도미니카공화국에서 생산하고 있어요. 우리가 사는 이곳하고는 아주 멀리 떨어진 곳이죠.

 세계에서 가장 초콜릿을 많이 먹는 나라는 스위스, 독일, 아일랜드 순이에요. 1위 국가인 스위스는 해마다 1인당 9

킬로그램의 초콜릿을 먹는다고 해요. 이렇듯 전 세계 사람들이 하루에도 초콜릿을 수천 킬로그램이나 먹고 있지만, 정작 카카오 생산에 참여하는 농민들은 대부분 넓은 땅을 가지고 있지 않아요. 이런 농부들을 가리킬 때 '소농'이라는 표현을 쓰는데요, 말 그대로 넓지 않은 땅에서 농작물을 생산하는 거예요. 제니퍼의 아버지도 가나의 카카오 소농이랍니다.

사람들이 카카오 열매로 만든 음료를 마시기 시작한 건 무려 3천 년 전이에요. 중앙아메리카 대륙의 올메크(Olmec) 부족이 카카오 열매에 들어 있는 성분을 활용해 정신을 맑게 하는 음료를 만들었어요. 카카오 열매는 맛과 효능이 뛰어나서 '신의 음식'이라고 불렸다고 해요. 이처럼 귀하고 드물었기 때문에 카카오 원두를 화폐로 쓰기도 했어요.

비극은 콜럼버스가 아메리카 대륙에 도착한 1492년 이후 시작되었어요. 그는 유럽에 카카오 열매를 소개했고, 유럽 귀족들은 처음 맛본 카카오에 열광했어요. 곧이어 주문이 빗발치기 시작했죠. 하지만 주문량을 맞출 수 있을 만큼 생산할 수는 없었어요. 카카오를 키우던 원주민들이 침략자들을 피해 깊은 산 속으로 숨어들어갔거든요. 유럽인들이 원주민의 땅을 무자비하게 침략하고 자원을 착취했기 때문이었어요. 게다가 그들이 옮긴 질병으로 셀 수 없이 많은 희생자가 생기기도 했어요.

유럽 사람들은 카카오나무를 키울 사람을 찾았지만, 상황은 더 나빠지기만 했어요. 이들은 결국 아프리카 사람들을 노예로 삼아 강제로 카카오를 재배하게 만들었어요. 이렇게 부유한 유럽 사람들은 가난한 사람들의 노동력을 착취하여 '신의 음료'를 마시게 된 거예요.

> "신의 음식에서
> 피의 초콜릿이 되었어요."

제니퍼가 살고 있는 마을 주민들도 대부분 이때부터 카카오 생산을 시작했어요. 카카오 농장에서 일한 젊은 남성들은 대를 이어서 이 일을 해왔어요.

"……동네 젊은 남자들이 할 수 있는 일이 카카오 재배 말고는 거의 없었다고 해요."

제니퍼는 할아버지에게 들었던 옛이야기를 슬며시 들려주었어요. 실제로 제니퍼가 살고 있는 가나는 카카오의 슬픈 역사를 고스란히 간직하고 있는 나라예요. 영국의 식민 지배를 받던 가나는 1910년대에 카카오를 가장 많이 생산하는 국가였어요. 1956년 영국으로부터 독립한 뒤부터는 카카오 수출을 주축으로 하는 국가 경제를 펼쳐나갔어요.

그런데 불행하게도 그때 카카오 가격은 국제 시장에서 점점 떨어지는 추세였어요. 가나 정부는 이런 흐름을 읽지 못한 채 무리하게 카카오 농장을 늘려갔어요. 열대우림을 파헤쳐 나무를 잘라 내고 동물을 희생시키면서 카카오 농장을 만들었어요. 그러나 가나 정부의 노력에도 불구하고 카카오 가격은 계속해서 떨어졌고 농민들의 삶은 더욱 힘들어졌어요. 열대우림이 줄어들어 가뭄이 반복되고, 그 결과 바싹 마른 숲에서 대규모 화재도 잇따랐어요. 결국 초콜릿 회사들은 하나둘 가나를 떠나기 시작했어요.

초콜릿 회사들이 옮겨 간 나라는 가나와 인접한 코트디부아르였어요. 그렇다면 코트디부아르 농민들은 가나와는 달리 풍요로운 삶을 살게 되었을까요?

코트디부아르는 얼마 안 가 세계 최대 카카오 생산국이 되었지만 기쁨은 오래 가지 않았어요. 카카오 가격을 생산 국가에서 정하는 게 아니라, 자본이 넉넉하고 규모가 큰 다국적기업에서 일방적으로 정하는 건 변하지 않았거든요. 그런 기업들은 이윤을 최대한 많이 얻기 위해 카카오 가격을 끊임없이 낮췄어요. 그 결과 코트디부아르에서는 농민

가나에서 쓰이던 50세디 지폐. 한 농부가 카카오 열매를 쪼개고 있다.

들의 고민과 갈등이 끊이지 않았고, 마침내 국가 경제도 파산하기에 이르렀어요. 카카오라는 신의 음식이 가나와 코트디부아르에는 축복이 아닌 재앙을 안겨다 준 거예요.

이보다 더 큰 문제는 경제 상황이 나빠지면서 주민들 사이에서 일어나기 시작한 분란이에요. 남부 지역 주민들은 대부분 기독교를 믿고 있었는데, 이처럼 먹고살기 힘들어진 이유가 이슬람교를 믿는 북부 지역 사람들 때문이라고 적개심을 품었어요. 반대로 북부 지역 사람들은 남부 주민들이 카카오 수출로 얻은 이득을 독차지 한다고 헐뜯었어요. 이 둘의 갈등으로 북부 지역 출신은 투표권이 박탈되는 일까지 생겼어요. 그러다가 2002년에 이르러 이슬람 반군과 기독교 세력 사이에 내전이 벌어지고 말았어요. 카카오가 코트디부아르에서는 피비린내 나는 분쟁의 씨앗이 된 거예요. 카카오 수출로 얻은 수익이 전쟁 자금으로 사용되면서 '피의 초콜릿'이라는 말까지 생겨났답니다.

"수요가 증가하는데
가격은 왜 하락할까요?"

초콜릿 때문에 이 많은 일이 생기고 하물며 전쟁까지 터진

다니, 슬프지 않나요? 이처럼 초콜릿 한 조각은 그저 반짝반짝 빛나는 포장지에 담긴 달콤한 간식이 아니에요. 그 이상으로 수많은 사람들의 삶이 스며들어 있죠.

이제는 중국이나 인도처럼 인구가 많은 나라에서도 초콜릿 소비는 폭발적으로 늘어나고 있어요. 그런데 참 이해하기 힘든 게 있어요. 이렇게 초콜릿을 먹고 싶어 하는 사람이 많은데, 왜 카카오를 생산하는 국가와 농민들은 어려움을 겪고 있는 걸까요? 수요가 많다면 카카오 가격이 오를 가능성이 크다는 뜻인데, 가나와 코트디부아르, 도미니카공화국 같은 나라의 농민들이 어려움을 호소하는 이유는 무엇일까요?

제니퍼의 아버지 코피는 고개를 저으며 한숨을 쉬었어요.

"정말 이해할 수 없는 일이 일어나고 있습니다. 여기저기에서 카카오를 달라고 사람들이 몰려오는데 가격은 오히려 떨어지고 있습니다."

코피가 어두운 낯빛으로 말을 이었어요.

"농민들이 예상한 것보다 훨씬 낮은 가격으로 카카오의 가치가 매겨지고 있습니다. 만약에 여러분이 슈퍼마켓에서 구입하는 초콜릿이 1000원이라면 농민들에게는 6퍼센

마체테라는 칼로 카카오 열매를 따고 있는 가나의 어린이 ⓒhttps://makechocolatefair.org

트, 즉 60원이 돌아갑니다. 심한 경우에는 20원밖에 못 받기도 해요."

그 말을 듣고 선 제니퍼의 낯빛도 아버지와 같이 어두워졌어요. 초콜릿을 만들려면 카카오 가루 말고도 설탕이나 버터 같은 재료가 필요하지만, 카카오 농민에게 고작 6퍼센트의 수익이 주어진다는 건 너무 가혹한 일이에요. 30년 전인 1980년대 후반만 해도 이 정도로 힘든 상황은 아니었어요. 초콜릿 가격의 약 16퍼센트는 수익으로 남길 수 있었어요. 적어도 160원 정도는 받을 수 있었던 거죠. 그런데 시간이 흐를수록 농민들에게 돌아오는 이익은 점점 줄어들었어요. 반면에 초콜릿 브랜드를 가진 회사들은 약 40퍼센트의 수익을 가져가고 있어요. 그리고 소매상들은 유통 과정의 수수료로 35퍼센트의 이익을 챙긴답니다.

이런 식으로 농민들은 카카오 농사를 아무리 열심히 지어도 생계를 유지할 수 없을 만큼 생활이 어려워지고 있어요. 농민들은 국제 시장에서 가격이 결정되는 과정에 참여할 수도 없고, 정보도 부족해요. 결국 카카오 농민들은 세계 초콜릿 산업의 약자가 되고 말죠. 이러한 악순환은 농민들이 카카오 농사를 해나갈 수 없도록 만든답니다.

카카오 농부가 일한 대가를 제대로 받지 못하면 또 어떤 일이 일어날까요? 코피는 그가 겪은 이야기를 들려줬어요.

"우리 농부들은 가족을 부양하기 위해서 환경을 파괴할 수밖에 없습니다. 더 많은 카카오를 생산해야 하기 때문에 오랫동안 숲에서 자란 나무를 베어 버리거나 열대우림을 불태워야 합니다. 그래야만 농장을 만들 수 있거든요. 그 과정에서 동식물이 사라지는 것을 뻔히 보면서도 어쩔 수 없습니다. 그게 다가 아닙니다. 카카오 경작으로 얻는 수입이 줄어들수록 농장에 고용되어 일하는 농민들에게 돌아가는 몫도 줄어듭니다. 어떤 농장 주인은 어린아이들을 농장으로 불러서 임금을 아주 조금만 줘 가며 일을 시키기도 했습니다."

> **"농민들이 힘을
> 모으는 수밖에 없었어요."**

가나에서는 이 문제를 어떻게 풀어야 할지 몰라 오랫동안 고민했어요. 하지만 해결책은 결코 먼 데 있지 않았어요. 게다가 누가 알아서 해 주는 것도 아니었죠. 답은 오직 하나, 농민들 스스로 힘을 모아 이겨내는 수밖에 없었어요. 국제 시장에서 나약한 존재일 수밖에 없는 농민들이 모래알처럼 흩어져서는 이 사태를 극복하기 어렵다고 생각하기에 이른 거예요.

코피는 가나가 어려움에서 벗어날 수 있었던 힘을 협동조합에서 찾았다고 말해요.

"우리 마을에서 카카오 농사를 짓는 사람들은 대부분 협동조합에 가입되어 있습니다. 여럿이 함께하기 때문에 카카오를 생산하고 수출하는 과정에서 개인이 겪는 피해를 줄일 수 있습니다."

가나에 있는 농민 협동조합은 카카오 농사를 짓는 농민들이 모여 생산자의 권리를 지키는 단체예요. 개별적으로 활동하는 농부는 기업들과 협상하는 과정에서 가격 결정권을 빼앗긴 채 손해를 보는 경우가 많았거든요. 오직 이윤

만을 좇는 기업에 맞서 무언가를 변화시키려면 뿔뿔이 흩어진 작은 힘들을 모아 큰 힘을 내야 했어요. 그 결과가 협동조합을 만드는 것으로 나타난 거였죠. 코피와 이웃 농민들이 소속된 조합 이름은 쿠아파 코쿠(Kuapa Kokoo)랍니다. 쿠아파 코쿠는 '좋은 카카오 농부'라는 뜻이에요.

"이렇게 카카오 생산자들이 모여 첫발을 내디딘 때가 1993년입니다. 지금은 약 8만 8천 명에 이르는 농민이 가입되어 있습니다. 결코 작지 않은 조직이죠. 그리고 이 가운데 32퍼센트는 여성 농민입니다."

코피는 힘찬 목소리로 쿠아파 코쿠를 소개했어요. 페나소 도메브라 마을에서는 그를 포함한 23명의 농부가 마을 조합을 시작했고, 곧이어 쿠아파 코쿠에 가입하면서 조금씩 카카오 생산과 판매에도 안정을 찾았어요. 트윈(Twin)이나 크리스찬 에이드(Christian Aid) 같은 시민단체(NGO)의 도움을 받아 국제 카카오 시장이 어떻게 돌아가는지 배우려고 노력했고, 농민들에게 필요한 돈을 빌려주기 위한 신용협동조합과 재단도 만들었어요.

아프리카 가나에서 카카오 생산은 아주 중요한 산업이에요. 금(gold)의 뒤를 잇는 가나의 주요 수출품이거든요. 가나에서 생산하는 카카오는 매년 70만 톤이 넘는데, 코트디부아르에 이어 세계에서 두 번째로 많아요. 현재 가나에서는 약 320만 명의 농부가 카카오를 생산하고 있고, 이들 가운데는 자신의 농장을 가진 농민도 있지만 대부분 다른 사람의 농장에 고용되어 농사를 짓고 있어요.

"우리는 말로 다 할 수 없을 만큼 힘들게 살아왔고, 사실은 지금도 마찬가지입니다. 오랜 시간 고된 노동을 하다 보니 아픈 사람들도 많아요. 또 자연재해 앞에서는 정말이지 속수무책입니다. 그런데 저희는 카카오나 카사바 같은 작물 말고는 달리 생계를 꾸려갈 방법이 없어요. 쿠아파 코쿠 협동조합에 가입하기 전에는 기업들한테 돈을 떼여도 도움받을 곳이 없었어요."

코피는 동료 농민들이 어떻게 살아왔는지 이야기하며 카카오 농부로 살아온 삶을 빗대어 '고난의 연속'이라는 표현을 썼어요.

그렇게 고난을 헤치며 살던 농민들은 쿠아파 코쿠라는 보금자리에 하나둘 모여들었어요. 전체 농민 가운데 쿠아파 코쿠가 차지하는 비율은 아직 낮지만, 쿠아파 코쿠는 가나의 카카오 산업에 적지 않은 영향을 미치고 있답니다. 농민들은 마을 단위로 위원회를 두고 카카오의 수확과 건조, 무게 측정, 보관에 이르기까지 서로 의견을 나누면서 돕고 있어요.

코피가 눈을 빛내며 이렇게 말했어요.

"서로가 서로에게 기대며 도와야만 합니다. 농민들이 힘을 모으는 길밖에 없습니다. 농민들이 힘을 모으면 더 이상은 대기업의 횡포에도 휘둘리지 않을 힘을 가지게 되거든요."

> **"마법은 농민의 손끝에서 시작되었어요."**

쿠아파 코쿠는 지금껏 해 오던 방식과 무엇이 다를까요? 코피는 이 질문의 답을 찾기 위해서는 우선 생산 과정을 알아야 한다고 말해요. 그러고는 자신의 손바닥보다 훨씬 큰 열매를 하나 들고 왔어요.

"카카오 열매는 '카카오 포드'라고 부릅니다. 주로 5월에서 7월, 11월에서 1월, 1년에 두 번 수확합니다. 처음에는 초록색이에요. 열매가 익을수록 노란색, 주황색으로 변해 가죠."

코피는 카카오 열매가 초콜릿이 되는 과정을 알면 초콜릿이 새롭게 보일 거라고 했어요. 초콜릿은 화학물질을 가

공해서 만드는 음식이 아니거든요. 코피에게도 초콜릿은 농민의 땀과 자연의 도움으로 만들어지는 신의 음식이에요.

코피가 조금 긴 칼 하나를 보여 줬어요.

"이건 마체테라는 칼입니다. 나무줄기에 매달린 주황빛 카카오 열매를 이 칼로 탁탁 쳐서 수확하죠. 이때 조심해서 열매를 따야 합니다. 안 그러면 카카오나무에 상처가 나거든요."

코피가 열매 껍질을 벗긴 뒤 양쪽으로 쪼개자 30개에서 50개가량의 자주색 씨앗이 황갈색 과육에 둘러싸여 있었어요.

"이 열매를 바나나 잎으로 싸서 며칠 동안 발효시킵니

다. 그러면 과육에서 끈끈한 과즙이 생기는데, 이때 달콤한 냄새가 나요. 그 뒤에는 편평하고 바람이 잘 통하는 곳에 열매를 넓게 펼치고 약 일주일 동안 건조시켜요. 카카오 콩이 점점 갈색으로 변하면서 독특한 향을 풍기는데, 이것을 빻아서 버터를 넣어 가공하면 초콜릿이 됩니다. 저를 따라 와 보세요."

 코피는 크기가 고른 카카오 콩들만 자루에 담아 마을조합 사무실로 가져갔어요. 마을조합에서는 조합원이 수확하고 건조시킨 카카오 콩의 품질을 확인하고 무게를 측정해요. 그런 다음 고유번호를 표기하고, 제값을 받고 카카오 콩을 거래하기 위해 서로 의견을 나눠요. 이 토론에는 농민조합원, 쿠아파 코쿠 협동조합, 신용협동조합 사람들이 다 같이 모여요. 이들은 국제 시장에서 결정되는 카카오 가격이나 국제 시장의 움직임, 그리고 기업들의 요구 사항 등을 꼼꼼히 확인해요. 이러한 과정을 거쳐서 농민들은 세계 시장의 흐름을 파악하고 미래를 대비하는 지식을 갖게 된답니다.

> **"마침내 공정무역 초콜릿이 전 세계에 알려졌어요."**

 이윽고 쿠아파 코쿠 가나 농민들은 더 큰 일을 벌이게 돼요. 오랜 고민 끝에 영국 초콜릿 회사의 주주가 되기로 결정하기에 이른 거예요. 어떤 회사의 주주가 된다는 것은 그 회사의 주인이 된다는 걸 뜻해요. 보통 회사는 '주식회사'라는 구조를 갖고 있는데, 대표이사나 사장 1명이 가지고 있는 자본만으로는 회사를 운영하기 힘들 때가 많아요. 그래서 부족한 부분은 다른 사람에게 투자를 받아요. 이때 주식을 발행하는데, 이 주식을 갖고 있는 사람을 '주주'라고 해요. 회사의 경영자는 자기 마음대로 행동할 수 없고, 주주들의 의견을 듣고 회사를 어떻게 이끌어 갈지 경영 방침을 정해야 돼요.

 코피는 쿠아파 코쿠 협동조합이 영국 초콜릿 회사 설립에 참여하게 된 과정을 차근차근 설명했어요.

 "우리는 1997년에 더 데이 초콜릿(The Day Chocolate)이라는 회사의 주주가 되기로 했어요. 우리로서도 큰 모험이었죠. 그렇지만 함께 참여하기로 한 사람들을 믿기로 했습니다. 그들과 함께라면 농부들의 비극을 끝낼 수 있을 거라고

생각했거든요."

그때 가나 농민과 함께한 단체와 기업은 모두 세 곳이었어요. 영국의 국제 개발 단체인 크리스찬 에이드(Christian Aid), 환경을 해치지 않고 노동을 착취하지 않는 공정 거래로 화장품을 만드는 바디샵(Body shop), 그리고 공정무역 회사인 트윈 트레이딩(Twin trading)이 발 벗고 나섰어요. 이들은 하나같이 공정무역에 오랫동안 관심을 가져 왔어요.

"더 데이 초콜릿의 대표적인 브랜드가 바로 '디바인(Divine) 초콜릿'입니다. 여러분도 스타벅스에 가면 계산대 바로 앞에서 볼 수 있을 거예요. 1998년에 처음 선보인 디바인 초콜릿은 우리 가나 쿠아파 코쿠의 카카오로 만든 초콜릿입니다. 정말이지 감격적인 순간이었어요."

코피는 디바인 초콜릿 하나를 꺼내서 자랑스레 보여 주었어요. 디바인 초콜릿의 포장지 디자인은 아주 세련됐는데, 겉포장에 쓰인 문양은 아프리카의 전통 문양에서 아이디어를 얻었다고 해요. 하지만 더 데이 초콜릿의 첫 번째 목표는 예쁘게 꾸미는 데 있지 않았어요. 품질 좋은 카카오로 만든 공정무역 초콜릿을 합리적인 가격으로 시장에 내놓는 것이었죠. 부유한 사람들만 먹을 수 있는 고급 초콜릿이 아닌, 보통 사람들이 슈퍼마켓에서 쉽게 구할 수 있는 초콜릿이 되길 바랐거든요.

사실 코피는 아이디어를 처음 들었을 때 무척 긴장했다고 고백하듯 말했어요. 초콜릿 시장에서 공공연하게 해 오고 있는 가격 할인이나 물류 공세를 견뎌 낼 수 있을지 걱정부터 들었거든요.

"정말 그랬습니다. 더 데이 초콜릿의 실험은 아주 보기 드문 경우였거든요. 품질 좋은 공정무역 초콜릿을 합리적인 가격으로 시장에 선보이는 것만으로도 쉽지 않은 일이

아프리카 전통 문양으로 포장한 디바인 초콜릿 ⓒhttp://www.divinechocolate.com

었어요. 그런데도 초콜릿을 만드는 데 필요한 모든 카카오 열매에 공정한 가격을 책정한 것입니다. 대부분의 회사들처럼 최소한의 투자로 최대의 이윤을 얻겠다는 목표를 세운 게 아니라 전혀 다른 가치를 추구한 것입니다."

그러자 크리스찬 에이드에서는 '동네 슈퍼에 더 데이 초콜릿을 쌓아 주세요'라는 캠페인을 시작하면서 또 한 번 힘을 보태고 나섰어요. 더 많은 사람들이 가까운 슈퍼마켓에서 디바인 초콜릿을 손쉽게 살 수 있도록 단체 회원들이 유통회사와 소매업자에게 요구한 독특한 마케팅이었죠. 어떤 회원은 "소비자는 카카오 농부가 주인인 회사의 초콜릿을 먹고 싶어 합니다."라는 이메일을 직접 마트에 보내기도 했어요.

이런 노력들이 결실을 맺으면서 디바인 초콜릿은 영국 사회에서 크게 환영받았어요. 시장에 출시된 지 얼마 지나지 않아 네슬레 같은 다국적 브랜드와 경쟁을 벌일 정도였으니까요. 가나 쿠아파 코쿠 협동조합에 공정한 값을 지불하고 만들어진 디바인 초콜릿은 현재 5천여 개의 영국 매장에 진열되어 있어요.

코피는 이런 기적이 이루어진 데는 영국 소비자 협동조합의 힘도 컸다고 말해요. 농민들이 만든 생산자 협동조합이 가나에 있다면 영국에는 소비자 협동조합이 있었기 때문에 힘겨운 도전이 성공할 수 있었다는 거예요. 소비자 협동조합이란 믿고 살 수 있는 물건을 소비자들이 공동으로 구입하는 조직이에요. 올바른 먹을거리를 원하는 사람들이 모여서 출자금을 내고 협동조합의 조합원이자 주인이 되는 거예요. 조합원들이 운영의 주체이면서도 또한 소비자가 되는 독특한 구조를 갖고 있죠.

영국의 소비자 협동조합은 2002년부터 매장에서 판매하는 초콜릿을 모두 공정무역 제품으로 바꿨어요. 카카오 생산자들에게 돌아가는 몫이 늘었기 때문에 소비자들이 초콜릿을 구매할 때의 가격은 조금 높아졌어요. 그런데 놀랍게도 판매량은 무려 25퍼센트나 늘어났어요. 카카오 농민들이 흘린 땀방울의 가치를 소비자들이 인정하고 있다는 뜻이었죠. 그러자 세계적인 커피 브랜드인 스타벅스에서도 디바인 초콜릿에 손을 내밀었어요. 지금 전 세계 스타벅스 매장 계산대 옆에는 공정무역 초콜릿이 진열되어 있습니다.

"아버지가 너무 자랑스러워요."

가나 쿠아파 코쿠 조합원 8만 8천여 명은 여전히 질 좋은 카카오를 생산하고 있어요. 1995년에 공정무역 인증을 받은 뒤부터 생활이 안정되고 기술 투자가 늘었거든요. 그래서 2000년에 1만 9천 톤이던 생산량도 2013년에는 4만 8천여 톤으로 크게 늘어났어요. 이 가운데 공정무역으로 판매되는 양은 약 2만 4천 톤으로 절반 정도 돼요.

코피는 중요한 사실을 하나 더 알려줬어요. 바로 공정무역 프리미엄이에요.

"공정무역으로 거래하게 되면 공정무역 프리미엄이라는 것을 받을 수 있습니다. 공정무역 카카오는 판매 수익 말고도 추가 수익이 발생하는데, 소비자가 초콜릿을 구입할 때 그 가격에 포함되어 있는 수익금을 말해요. 우리는 카카오 1톤당 약 200달러의 프리미엄을 받고 있습니다."

코피는 그걸 농민들이 조금씩 나눠 가지면 별 의미가 없지만, 모두의 이익을 위해 하나로 모으면 꽤 큰돈이 된다고 말해요.

"쿠아파 코쿠에서는 공정무역 프리미엄을 농사 기술을

카카오 열매를 한아름 안고 있는 쿠아파 코쿠 여성 농민 ⓒhttp://www.kuapakokoo.com

가르치거나 마을 시설을 정비하는 데 투자하고 있습니다. 우리 마을에는 해결해야 할 문제들이 아직 많거든요."

협동조합이 생기고부터 농민들의 생활이 나아지긴 했지만, 코피는 아직 개선해야 할 게 많다고 강조해요. 카카오 농장이 대부분 도시에서 멀리 떨어진 궁핍한 지역에 있거든요. 병원 같은 의료 시설도 부족하고 전기나 물이 충분히 공급되지 않는 곳이 많아요. 조합원들도 절반가량이 글을 읽고 쓰지 못하는 문맹이에요.

코피는 조금 굳어진 얼굴로 이렇게 말해요.

"……우리 아이들에게 더 이상은 그런 불행을 물려주고 싶지 않습니다. 그리고 여성들이 남자에 비해 교육받을 기

카카오 열매를 넓게 펴서 말리고 있는 쿠아파 코쿠 농민들 ⓒhttp://www.kuapakokoo.com

회가 적었던 것도 아주 불행한 일이었어요. 그래서 우리 마을에서는 모두에게 평등한 기회가 주어져야 한다는 뜻으로 여성들을 우선적으로 배려하고 있습니다."

코피는 여성을 지원하면서 어떤 변화가 일어나고 있는지 생생히 체험하고 있다고 해요. 특히 농사짓지 않는 시기가 되면 교육받은 여성들의 활약이 두드러져요. 카카오 열매 껍질로 비누를 만들거나 팜 오일을 추출하는 모습을 마을 곳곳에서 쉽게 볼 수 있죠. 천연염색에 열심인 여성들도 있는데, 이 모두가 교육을 통해 일어난 변화랍니다. 이렇게 정성껏 만들어진 물건들이 팔려나가면서 살림살이에도 큰 도움이 되고 있어요. 뿐만 아니라 마을 안에 학교가 생긴 뒤로는 아이들의 표정도 한결 밝아졌어요. 학교가 멀리 떨어져 있는 아이들은 수업에 빠지기 일쑤였거든요. 제니퍼가 공정무역에 대해 잘 알게 된 까닭도 영국 시민단체의 도움을 받은 학교 수업 때문이었어요.

제니퍼는 아버지를 보고 웃으며 이렇게 말해요.

"아버지와 마을 어른들이 키운 카카오가 제값을 받는 과정을 저도 옆에서 지켜보았어요. 이 모두가 학교에서 배운 그대로여서 저도 가끔 놀랄 때가 있어요. 그런 모습을 보고 들을 때마다 아버지가 너무 자랑스러워요."

제니퍼의 마을은 공정무역을 배우고 실천하면서 조금씩 변하고 있어요. 하지만 헐값에 카카오를 판매하는 농민들이 아직 더 많아요. 전 세계 20개 나라에서 카카오를 생산하고 120개가 넘는 생산자 협동조합에서 공정무역 인증을 받고 있지만, 카카오 가격은 여전히 하락을 거듭하고 있어요.

이 문제를 어떻게 해결해야 할까요? 2010년 〈아름다운커피〉에서는 몇 년 동안 준비해 온 '정직한 초콜릿'을 시장에 내놓았어요. 〈아름다운커피〉는 '빈곤을 심화시키는 무역을 빈곤 해결의 수단으로' 만든다는 목표를 가지고 활동하는 우리나라의 비영리 단체예요. 이곳에서는 2009년부터 페루의 나랑히요(Naranjillo) 협동조합과 카카오를 공정하게 거래해 왔어요.

여러분도 〈아름다운커피〉처럼 카카오 농부와 연대할 수 있어요. 언제라도 좋으니 재활용 상점으로 알려져 있는 〈아름다운가게〉부터 들러 보세요. 그곳에 가면 〈아름다운커피〉에서 만든 공정무역 초콜릿을 만날 수 있거든요. 아주 작은 일처럼 보이지만, 초콜릿 하나를 구매하는 것도 공정한 세상을 만드는 첫걸음이 될 수 있어요.

티셔츠는 어디에서 왔을까?

―――――

목화 농부 크리슈난,
공정한 패션을 이야기하다

INDIA

인도_세계에서 일곱 번째로 땅이 넓고 인구도 두 번째로 많다. 수도는 뉴델리이며 힌두어를 쓴다. 18세기부터 영국의 지배를 받다가 1947년에 독립했다.

> *"여러분이 즐겨 입는 티셔츠는
> 어디에서 왔을까요?"*

인도 남부 방갈로르(Bangalore) 지역에 살고 있는 크리슈난은 외국인을 만날 때마다 이 질문을 해요. 그러면 어떤 사람들은 자신이 입고 있는 옷을 내려다보거나 슬쩍 만져 보면서 고개를 갸웃하곤 한답니다.

  일주일에 적어도 두세 번은 입게 되는 면 티셔츠, 이 흔한 티셔츠가 어디서 왔는지 여러분은 알고 있나요? 언뜻 떠오르지 않는다면 티셔츠 안쪽에 붙은 상표를 살펴보세요. 아마 대부분 'made in China', 'made in Bangladesh', 'made in Vietnam'이라고 되어 있을 거예요. 중국이나 방글라데시, 베트남에서 만들어져 여기까지 왔다는 뜻이죠. 티셔츠는 이곳뿐 아니라 전 세계로 여행을 다녀요.

  그렇다면 티셔츠는 무엇으로 만들어질까요? 기능성 제품은 폴리에스테르와 같은 화학 기술을 이용해서 만들지

베트남에서 생산된 100% 면 티셔츠

만, 면으로 된 티셔츠나 바지는 '면'이라고 표기가 되어 있어요. 면의 원료는 목화예요. 하얀 솜이 몽글몽글하게 피는 꽃이랍니다. 목화는 공장에서 만든 화학제품이 아니라 농부의 발소리를 들으며 땅에서 자란 자연의 선물이에요. 인도, 브라질, 중국, 파키스탄 등 여러 나라의 농부들이 목화를 경작하고 있어요.

크리슈난이 사뭇 진지하게 옷 이야기를 하는 이유는, 그가 인도 목화 생산자를 보호하는 일을 하고 있기 때문이에요. 크리슈난은 대학에서 식물학을 공부하고 인도에서 목화 농가를 돕는 회사인 아그로셀(Agrocel)에서 일해요. 아그로셀은 목화를 재배하는 농민들에게 유기농 기술을 가르치기도 하고, 공정무역 면화를 홍보하거나 판매도 해요.

> **" 먼 나라에서 왔는데
> 왜 이렇게 값이 쌀까요? "**

크리슈난이 목소리에 힘을 주었어요.

"최근에 이르러 패스트 패션(fast fashion)이라는 단어가 만들어졌습니다. 이 말에는 최신 유행에 맞춰 옷을 생산하고 찾는 사람이 많을 때 대량으로 유통시킨다는 뜻이 들어 있어요. 가장 빠른 경우 6주 만에 옷이 만들어져 전 세계로 수출되죠. 그런데 이 단어에는 유행에 따라 저렴한 옷을 사 입고, 빨리 버린다는 뜻도 포함되어 있어요."

크리슈난은 지금 세계에서 유행하고 있는 패션산업의 움직임을 심각하게 보고 있어요. 브랜드를 앞세운 의류 산업이 유행을 이끌고 있는데, 품질이 좋으면서도 값이 싼 옷이 많아서 인기가 높아요. 이들 매장은 전 세계 쇼핑몰에서 쉽게 찾아볼 수 있는데다가 도심 곳곳에 아주 크게 마련되어 있어요. 또 점원의 눈치를 보지 않고 자유롭게 옷을 고를 수 있도록 매장을 꾸며 놓고 세일도 자주 해요. 티셔츠 두 장에 만 원밖에 하지 않을 때도 있는데, 그럴 때면 판매량은 더 많이 늘어나죠. 그런데 한 가지 기억해야 할 것은, 그 티셔츠가 여러 나라를 거쳐서 왔는데도 가격이 아주 싸

백화점에 진열되어 있는 색색가지 면 티셔츠들

다는 점이에요.

크리슈난은 티셔츠 한 장으로 세계 여행을 할 수도 있다고 말해요. 그는 자신이 입고 있는 티셔츠를 가리키며 이야기를 계속 했어요.

"지금 제가 입고 있는 티셔츠는 여기서 만든 게 아닙니다. 백화점에 가면 쉽게 구할 수 있는 면 티셔츠인데, 어디에서 만들어져 여기까지 왔는지 한번 따라가 볼까요? 이 티셔츠의 원료인 목화는 처음에 인도에서 생산됐어요. 그런데 목화는 인도가 아닌 터키에서 가공되었어요. 그리고 방글라데시에서 옷으로 만들어져 세계로 수출되었다가 다시 이곳으로 와서 저와 만나게 되었어요. 이처럼 인도에서 태어난 목화가 전 세계로 여행을 다닌 것입니다."

그런데 목화는 어떤 성질을 갖고 있기에 티셔츠에서 속옷까지 다양한 옷의 재료가 되어 전 세계를 누비고 있을까요?

목화는 더운 기후에서 잘 자라는 식물이에요. 햇빛이 충분하고 온도가 일정하게 높은 곳이면 물이 부족해도 잘 자라요. 목화에서 가공된 섬유는 무게가 가볍고 염색이 선명하게 돼요. 그리고 습도에도 잘 견디기 때문에 곰팡이가 생기지 않는 장점이 있어요. 그래서 오랫동안 보관하거나 먼 곳으로 운반하기에도 편한 원료랍니다.

현재 목화는 100개가 넘는 나라에서 재배하고 있어요. 그 가운데 중국, 미국, 인도, 파키스탄이 가장 많이 생산하고 있죠. 이 네 나라가 세계 전체 목화 생산량의 70퍼센트 정도를 차지하고 있답니다. 그 뒤를 브라질과 우즈베키스탄이 잇고 있는데, 이들도 생산량을 점점 늘리고 있어요. 세계의 목화 농장은 약 3천 5백만 헥타르에 이르고, 그 규모는 농사와 관련된 경작지의 2.5퍼센트 정도를 차지할 정도로 넓어요. 우리나라는 목화를 거의 생산하지 않기 때문에 우리가 입는 면 티셔츠는 대부분 이 나라들을 여행하며 온 상품이에요.

목화는 흰색 꽃이 떨어진 뒤 맺힌 꼬투리에서 솜털뭉치가 생긴다.

크리슈난은 어느 나라 사람이든 자기가 입고 있는 옷에 관심을 가져야 한다고 강조해요.

"특히 한국 사람들은 몇 년 전 방글라데시에서 큰 불이 난 걸 기억하고 있을 거예요. 수도인 다카에 등산복을 만드는 한국 공장이 있었는데, 거기서 일하던 많은 노동자들이 화재로 목숨을 잃었죠. 대부분 아주 적은 돈을 임금으로 받으면서 환기도 잘 안 되는 곳에 들어가 일하던 사람들이었어요. 우리가 품질에 비해 값이 싼 옷을 입을 수 있는 것은 그들이 받는 임금이 그만큼 적기 때문이기도 해요. 우리가 매일 입는 옷이 누군가의 희생으로 만들어진 것이라면 슬픈 일이 아닐까요?"

> **"목화 생산자에게는
> 얼마가 돌아갈까요?"**

크리슈난이 말한 것처럼, 우리가 입고 있는 옷은 누군가의 땀과 정성으로 만들어졌어요. 갈수록 옷의 품질도 좋아지고 있죠. 그런데 인도의 농부, 방글라데시의 노동자들의 삶도 그만큼 나아졌을까요?

크리슈난이 그래프 하나를 보여 줬어요. 그래프에는 목화 가격이 연도별로 표시되어 있었어요. 1960년대에는 1킬로그램에 3달러가 넘었지만 2014년에는 1.73달러로 떨어졌어요. 그래프는 점점 아래로 향하는 추세였어요. 50년 동안 물가와 임금은 올랐지만, 목화 가격은 오랜 기간을 두고 가격이 점점 하락하고 있었어요. 그래프 안에 답이 보였어요. 면화 가격이 하락했기 때문에 우리는 더 값싼 티셔츠를 사 입을 수 있게 된 거예요.

"옷을 만드는 데 들어가는 비용이 늘었는데도 오히려 목화 가격이 떨어진 것은 다 그럴 만한 이유가 있습니다. 자본이 풍부한 국가에서, 그 자본을 앞세워 목화 농가에 막대한 보조금을 주고 있기 때문입니다. 물론 인도의 목화 생산자들은 전혀 해당되지 않습니다. 미국이나 중국 같은 나라의 농민들 이야기일 뿐이죠."

돈을 가장 중요하게 여기는 사람들이 많아지고, 전 세계가 돈벌이를 위한 전쟁터처럼 변해 가면서 의류 시장도 경쟁이 치열해졌어요. 옷 만드는 기업들은 저마다 세계 시장에서 1등을 하기 위해 머리를 싸매고 궁리했죠. 때마침 기계와 기술이 좋아지면서 목화도 대량 생산이 가능해지자, 미국과 중국은 목화 농가에서 대규모 생산이 가능하도록 보조금을 지급하기 시작했어요. 2014년의 통계를 보면 한눈에 알 수 있어요. 목화 농가에 지급한 세계의 정부 보조금은 총 65억 달러인데, 이 가운데 중국의 보조금이 무려 51억 달러에 이르러요. 정부로부터 보조금을 받으면 더 저렴하게 목화를 세계 시장에서 판매할 수 있게 돼요. 생산하는 데 들어가는 돈이 줄어드니까 좀더 값싸게 팔 수 있는 거예요. 그러니 정부 보조금을 받지 못한 나라의 목화 농민들은 갈수록 힘들어지게 돼요.

크리슈난은 인도 사람의 입장에서 생각하면 이 문제를 더 쉽게 이해할 수 있다고 말해요.

"만약 여러분이 인도에 사는 목화 생산자라고 상상하면서 미국 농부와 비교해 보세요. 미국 농부는 정부에서 보조금을 주기 때문에 목화를 재배한 뒤 시장에서 거래되는 가격보다 싸게 팔아도 손해 볼 게 없어요. 그런데 인도 정부는 여러분에게 아무런 도움을 주지 않았어요. 그럼 어떻게 될까요? 여러분은 시장 가격에 맞춰서 팔아도 먹고살기가 어려워져요. 뿐만 아니라 비슷한 품질에 가격은 미국산이 더 저렴해요. 그렇다면 목화가 필요한 의류 회사는 어느 나라 것을 살까요? 그래요, 바로 미국 목화예요."

인도와 파키스탄은 세계에서 목화를 가장 많이 생산하는 국가예요. 하지만 보조금은 전혀 없었어요. 그러다 보니 가격 경쟁에서 뒤처지다가 끝내 농민이 자살하는 일까지 생기고 말았어요. 뒤늦게 부랴부랴 보조금을 지급했지만, 이미 중국이나 미국의 경쟁 상대가 되지 않았어요. 많은 사람이 목화 농장에서 일해도 기계를 이용하는 미국과 중국의 생산량을 따라잡을 수 없었고, 그러다 보니 노동 환경이 더 나빠지는 악순환이 되풀이되어 왔어요.

인도나 파키스탄 같은 개발도상국에서 목화는 아주 귀한 작물이에요. 왜냐하면 목화 산업과 연결된 여러 가지 일로 생계를 이어가는 사람이 많기 때문이에요. 재배는 물론이고 가공과 운반을 거쳐 상품이 만들어지기까지 적지 않은 일자리가 만들어지거든요. 세계에서 약 3억 5천 명이 목화 산업에 종사하고, 1억이 넘는 농가가 목화 생산과 관

목화로 생산한 실과 실뭉치

련이 있어요. 게다가 이들은 대부분 개발도상국에 살고 있답니다. 자본을 앞세운 기업이나 국가들이 보조금을 무기처럼 휘두르면 이들은 위험에 빠질 수밖에 없어요.

만약 여러분이 2, 3만 원짜리 티셔츠를 구입하면 목화 생산자들에게 얼마가 돌아갈까요? 많이 잡아도 천 원 가량이라고 해요. 보조금을 받는 농민은 적어도 천 원 이상 벌 수 있기 때문에 걱정이 없지만, 그렇지 못한 농민은 농사에 들어가는 생산비가 천 원보다 많기 때문에 형편이 어려워지는 악순환에 빠지게 되는 거예요.

"Bt 종자가 인도를 삼켰어요."

크리슈난이 이번에는 어떤 광고를 보여 줬어요.

"아무리 열심히 농사를 지어도 중국과 미국의 값싼 목화와 경쟁이 되지 않으니 인도 농민들은 다른 살 길을 찾아야만 했습니다. 1997년에 면화 시장이 개방되면서 보조금이 폐지되었거든요. 그때 한 TV 광고가 구원자처럼 농민들 앞에 등장했습니다."

인도 농민들이 서서히 지쳐 가고 있을 즈음, 한 광고가 TV에서 흘러나왔어요. 농약을 조금만 뿌려도 면화를 많이 수확할 수 있다는 미국 종자회사의 광고였어요.

목화는 물이 충분하지 않아도 잘 자라지만 진딧물이나 목화다래나방, 노린재 같은 해충에는 약한 작물이에요. 조금만 소홀해도 해충들이 덕지덕지 들러붙어 있곤 하죠. 하지만 예로부터 인도 농부들은 농약 대신 인도 곳곳에 자라는 님(nim)나무의 살균 성분을 활용해서 피해를 줄여 왔어요. 그리고 목화를 해충에도 잘 견디는 작물로 키우기 위해 다른 작물과 번갈아 짓는 윤작이라는 방식을 써 왔어요.

크리슈난은 농업에 관심이 많았기 때문에 인도 사람들

이 어떻게 해충을 다뤄 왔는지 잘 알고 있었어요. 하지만 전통 농사법은 이내 사라지고 말았어요. 그 방법으로는 더 많은 목화를 생산하기를 바라는 세계 시장의 요구에 발 빠르게 대응할 수 없었거든요. 결국 인도 농부들도 어쩔 수 없이 농약을 뿌리기 시작했어요. 그런데 이상하게도 농약을 뿌릴수록 해충은 더 강해지기만 했고, 농민들은 점점 더 많은 농약을 써야만 했어요. 결국 인도의 면화 농가에서 사용하는 농약은 인도 전체 농약 사용량의 55퍼센트에 이를 정도로 많아졌어요.

그때 농민들의 눈길을 끌어 모으는 데 성공한 회사는 미국의 유명한 종자회사인 몬산토(Monsanto)였어요. 그리고 그들이 광고한 종자는 병충해에 잘 견디도록 유전자를 조작한 'Bt면화 종자'였어요. 그들은 광고에서 이렇게 말했어요.

'농약이 필요 없는 기적의 목화 종자! 지금 바로 Bt면화를 구입하세요!'

광고 화면은 건강해 보이는 면화와 환한 웃음을 띤 농부의 얼굴로 채워졌어요. Bt면화 광고는 인도 농부들에게 금세 알려졌어요. 농약을 사는 데 큰돈을 쓸 수밖에 없었던 농부들에게 희망을 주는 것처럼 보였으니까요. 인도의 수

많은 농부들은 너나 할 것 없이 이 종자를 구입하기 시작했답니다. 그리고 원래 키우던 목화 종자를 Bt면화 종자로 바꿨죠. 그 뒤 인도 농가에는 기적이 일어났을까요?

크리슈난은 그때 일을 생생히 기억하고 있어요.

"그러나 기적은 일어나지 않았습니다. 오히려 인도 농민의 자살이 급증했죠. 2004년부터 10년 동안 인도 농민 20만 명이 스스로 목숨을 끊었습니다. 그 이유는 Bt면화 종자를 구입하려고 무리해서 돈을 빌렸지만, 늘어나는 빚을 갚을 수 없었기 때문입니다."

Bt면화 종자는 해충에 강하고 수확량이 많다고 알려졌지만, 그 결과는 실망스러웠어요. 우선 Bt면화 종자는 예로부터 인도 농부들이 사용하던 종자보다 가격이 비싸요. 그때 비다르바 지역에서 아버지를 잃은 한 아들은, Bt종자를 쓰기 전에는 수확량이 적긴 해도 돈을 빌리는 일은 없었다고 말해요. 다른 농부의 상황도 마찬가지였어요. 더 많이 거두기 위해 무리해서 새로운 종자를 구입했지만, 생산량은 기대한 만큼 늘지 않았어요. 많은 농가가 목화 농사를 지어 유명해진 그 지역은 이제 '자살 벨트'라 불려요.

크리슈난의 목소리에 아쉬움이 묻어났어요.

"Bt면화 종자는 인공적으로 만들어진 종자입니다. 유전자변형작물(GMO)이라고 부르죠. 면화는 해충에 약한데, 이 종자에 바실루스 투린기엔시스균, 이른바 Bt균을 넣어 새로운 종자를 만든 것입니다. 해충들이 Bt면화를 갉아 먹으면 해충약을 먹는 것과 같은 효과가 나요. 하지만 새로운 종자는 전혀 생각지도 못한 적을 만들었습니다."

　Bt면화 종자에 적응한 가루깍지벌레는 목화를 말라 죽게 할 뿐 아니라 다른 농산물에도 옮겨 가 농사를 망쳤어요. 이 벌레는 손으로 직접 잡아서 없애야 하기 때문에 할 일이 배로 늘기도 했어요. 결국 아이들까지 일을 해야 하는 농가가 늘어났어요. 많은 아이들이 학교에도 가지 못한 채 목화 농장에서 해충 잡는 일을 하루 종일 하게 됐어요. 어른도, 농부도 모두 해충에 꼼짝 못한 채 붙잡힌 거죠.

> "서로 돕는 것밖에
> 다른 길은 없었어요."

　크리슈난은 그때 일이 고통스러운지 잠시 눈을 감았어요. 그리고 심호흡을 한번 하고는 실패를 지혜롭게 극복한 이야기는 널리 알려야 하지 않겠느냐며 이야기를 이어갔어요.

"그런 암담한 상황에서 인도 농민들은 무엇을 할 수 있었을까요? 인도 농민들은 어떻게든 살아남기 위해 도움의 손길을 찾기 시작했습니다. 자연의 이치에 따라 농사짓는 사람들을 만나 농사 기술을 새로 배우고, 사정이 비슷한 농민들끼리 서로 의지하며 힘을 모으기 시작했죠."

농부들은 혼자서 이 문제를 해결할 수 없었어요. 목화는 그 지역만이 아니라 세계 시장에서 가격이 결정되고, 가격도 아주 쉽게 오르내리곤 하거든요. 아무리 열심히 목화를 재배하더라도 그런 시장 상황에 따라서 제값을 못 받는 경우가 많아요. 게다가 기후나 자연재해에도 영향을 많이 받기 때문에 어떻게든 머리를 맞대고 생산이 어려워질 때를 미리 대비해 둬야 해요.

그때 인도 라파르 지역에서 2천여 명의 농민들이 '아그로셀 생산자 협동조합'을 만들었어요. 2005년의 일이었죠. 농부들이 모여 농사 기술을 나누고, 생산력이 높아진다는 소문이 퍼지면서 조합은 더욱 많은 농민들의 관심을 받게 됐어요. 협동조합이 생긴 지 10년이 채 되지 않은 2014년에는 무려 2만 명이 넘는 목화 농부가 조합에 가입했어요. 이들은 조합에서 유기농업을 배우고 목화 재배와 유통에 관한 정보를 서로 나눴어요.

아그로셀 생산자 협동조합에서 목화를 재배하는 여성 농민 ⓒtransfairEngelhardt

그런 농부 가운데 안드라도 있었어요. 몇 해 전 안드라는 마지막이라는 심정으로 고리대금업자에게 돈을 빌려 Bt종자를 샀지만, 흉년으로 빚에 허덕이다가 스스로 목숨을 끊으려고 했어요. 하지만 그의 아내가 그를 일찍 발견하는 바람에 다행히 목숨은 건졌답니다. 아직도 그 빚은 고스란히 남아서 안드라의 어깨를 짓누르고 있어요. 하지만 안드라는 이렇게 말해요.

"Bt종자를 처음 샀던 그날의 기쁨을 잊을 수 없어요. 그 이후의 좌절은 더욱 잊을 수 없습니다. 종자회사는 아무런 책임이 없다며 내내 발뺌만 했어요. 그 많은 사람이 죽어가고 있는데도 그들은 고리대금 같은 인도의 허술한 금융제도가 문제라고만 둘러댔습니다. 병원에서 눈을 뜬 뒤, 저는 이렇게 당하고만 있을 수는 없다고 생각했습니다. 이곳 아그로셀 사람들을 만나게 된 건 저로서는 아주 큰 행운이었죠. 지금 제 손에는 Bt종자가 아니라 인도의 토종 씨앗이 들려 있습니다. 살아갈 희망이 생겨서 정말 기쁩니다."

이제껏 안드라를 도운 크리슈난이 그의 어깨를 가만히 두드렸어요. 크리슈난이 말했어요.

"하지만 유기농 목화를 재배하는 것만으로는 세계 시장에서 경쟁력을 갖기 어렵습니다. 농부에게는 유통이 생명입니다. 농사를 해도 판매가 되지 않으면 한 해 노력이 물거품이 됩니다. 무엇보다 가족들의 생계가 달린 문제니까요. 그래서 아그로셀의 역할이 중요할 수밖에 없습니다. 아그로셀에서는 작은 규모의 공정무역 생산자와 판매 기업을 연결해 줍니다. 농민들이 안정적으로 수출 시장에 진출할 수 있도록 다리를 마련해 주는 거죠. 그럼으로써 농민들은 목화의 적정 가격을 보장받을 수 있는 것입니다."

흔히 면화는 커피나 설탕 같은 작물보다 공정무역 거래가 어렵다고 알려져 있어요. 면화 산업 자체가 워낙 대규모로 이뤄지는데다가 가공에서 판매에 이르기까지 복잡한 과정을 거쳐야 하기 때문이에요. 또 패션산업은 유행이 빠르게 변하기 때문에 그럴 때마다 목화 가격이 큰 폭으로 오르내리면서 경쟁도 더욱 치열해져요. 그런 까닭에 아그로셀은 새로운 의류 업체를 찾는 데 노력을 기울였어요. 값싼 목화를 찾는 곳이 아닌 공정무역과 유기농 목화 종자에 관심을 갖는 사람들과 거래하고 싶었던 거죠. 하지만 그런 기업이 있기나 할지 처음엔 걱정스러웠어요.

"조금씩 건강을 되찾았어요."

크리슈난이 한 회사를 예로 들었어요.

"피플트리(People Tree)라고 하는 공정무역 회사가 있습니다. 옷뿐만 아니라 수공예품 같은 여러 가지 공정무역 제품을 수입해서 판매하고 있어요. 일본 도쿄에 1호 매장을 시작으로 얼마 전에는 영국에도 매장이 생겼습니다. 그런데 피플트리라는 이름이 입소문을 타고 점점 더 많이 알려진 데는 다 그럴 만한 이유가 있습니다. 그게 뭘까요?"

피플트리가 광고 없이도 사람들에게 알려진 이유는, 옷을 만드는 그들만의 생각 때문이라고 크리슈난은 말해요. 피플트리에서는 원료인 목화를 아그로셀에서 들여와 직접 옷을 디자인해요. 그리고 인도 여성의 자립을 돕는 공정무역 가공업체인 크리에이티브 핸디크래프트(Creative Handicraft)에 맡겨서 옷을 만들어요. 그런 뒤에 공정무역 상품 판매를 담당하는 사샤(Sasha)를 통해 영국으로 수출한답니다. 원료부터 판매까지 모든 과정이 공정무역으로 이루어지는 거예요.

크리슈난의 목소리가 한결 밝아졌어요.

 "저는 아그로셀의 역할이 갈수록 중요해질 수밖에 없다고 생각합니다. 목화송이는 농부의 땀방울로 자라서 옷으로 만들어져요. 아그로셀은 이 원료와 상품이 정당한 가격을 받고 판매될 수 있도록 공정무역 의류 업체를 연결해 줍니다. 더구나 공정무역 프리미엄이라는 이름으로 모인 돈은 모두 농민을 위해 쓰이고 있습니다. 이 모든 것이 농부들이 땀 흘려 생산한 목화가 제값을 받기 시작하면서 기적같이 일어난 일이에요."

 모두의 얼굴이 크리슈난과 같이 환해졌어요. 농부들은 하나같이 "건강해졌다"고 입을 모아요. 유전자가 조작된 종자를 버리고 토종 씨앗을 심어 유기농으로 재배하면서 조금씩 건강을 되찾았거든요. 독한 농약 대신에 고추, 님나

목화송이를 들고 환하게 웃고 있는 아그로셀 여성 농민들 ⓒtransfairEngelhardt

무, 마늘을 이용한 천연 살충제를 쓰면서 비용도 적지 않게 아낄 수 있었답니다.

특히 여성 농부들은 공정무역에 참여하면서 남성과 차별받지 않고 동등한 임금을 받게 되었어요. 뿐만 아니라 공정무역 프리미엄으로 마련한 출산 지원금까지 받게 되면서 아이를 낳고 키우는 데도 부담을 덜었어요. 아그로셀 협동조합이 만들어지기 전만 해도 농부들은 저 혼자 모든 문제를 해결해야 했어요.

목화 산업은 유럽의 식민지배와 제국주의, 그리고 노예 제도를 거쳐 성장했어요. '하얀 황금'으로 불릴 만큼 높은 수익을 내는 작물이기도 해요. 전 세계에는 1억 가구 이상이 목화 산업에 종사하고 있어요. 그런데 이들은 대부분 가난에서 벗어나지 못하고 있어요. 여전히 농민보다는 다국적 의류 기업이 높은 수익을 올리고 있기 때문이죠. 이러한 현실을 바꿀 수 있는 길은 보다 공정한 목화 거래뿐입니다. 그리고 아그로셀이 보여 준 것처럼 농민들이 건강하게 목화를 재배할 수 있어야 해요.

그런 농민들의 마음이 담긴 의류를 공정한 가격에 들여와 판매하는 기업이 우리나라에도 있답니다. '페어트레이

드코리아'라는 사회적 기업이에요. 온라인뿐 아니라 '그루(g:ru)'라는 매장도 있는데, 그곳에 가면 네팔과 인도 등 여러 나라에서 만든 공정무역 제품을 직접 볼 수 있어요.

여러분이 지금 입고 있는 티셔츠는 어떤 기업의 상표인가요? 그리고 어디에서 어떻게 만들어진 것일까요? 그게 궁금해서 찾아보고 알아본다면, 우리 사회를 좀더 공정하게 만드는 또 하나의 발걸음이 시작되는 거예요.

바나나, 제값을 찾아 주세요

콜롬비아 농부 폰초,
바나나의 공정한 가격을 요구하다

COLOMBIA

콜롬비아_남아메리카 대륙 북서쪽에 있으며 수도는 보고타이다. 언어는 스페인어를 쓴다. 아마존 열대우림에 둘러싸여 있고 나라 이름은 신대륙을 발견한 콜럼버스의 이름을 땄다.

> **"바나나 농사,
> 더 이상 지을 수 없어요."**

2014년 3월, 영국에서 열린 '공정무역 바나나 캠페인'에 참여한 콜롬비아 농부 폰초(Foncho)는 바나나 가격이 너무 떨어졌다고 목소리를 높였어요. 크고 양이 많지만 가장 값싼 과일을 꼽으라면 바나나가 1순위일 거예요. 이건 영국뿐 아니라 세계 곳곳에서 두루 나타나는 현상이에요. 우리나라도 마찬가지예요. 실제로 지난 10년 동안 바나나 가격은 계속해서 떨어지기만 했어요. 10년 전에 비해 반값이 되었으니 얼마나 싸졌는지 잘 알 수 있죠. 캠페인이 펼쳐진 영국에서도 7년 전 가격의 3분의 1밖에 하지 않는다고 해요.

 사정이 이런데도 바나나를 생산하고 수출하는 데 드는 비용은 높아지고 있다는 것이 가장 큰 문제예요. 농장에서 일하는 사람들에게 주는 임금도 조금씩이나마 올랐고, 바나나를 수확한 뒤 포장해서 수출하는 데 들어가는 비용도 늘어났는데 말이죠. 그런데 바나나 값은 왜 오르기는커녕 뚝뚝 떨어지기만 할까요? 왜 이렇게 값이 싼지, 여러분은 바나나를 먹다가 궁금한 적이 없었나요?

폰초는 샛노란 바나나 탈을 둘러쓰고 있는 사람들을 바라보았어요. 폰초는 이번 캠페인에 참가해서 공정무역이 자신과 농장 노동자들에게 어떤 도움을 주었는지 시민들에게 이야기했어요. 그때 10명가량의 사람들이 기다란 바나나 탈에서 얼굴만 쏙 내밀고 환하게 웃었어요. 어른도 있고 아이도 있었어요. 이들은 영국 공정무역재단에서 주최한 캠페인에 스스로 참여한 시민들이에요. 그들은 폰초의 이야기를 듣고 '공정무역을 향하여 Go! Fair trade'라고 적힌 노란색 바나나 고무튜브를 위아래로 들썩였어요.

폰초는 그들을 향해 빙긋 웃어 보이며 서류에 사인을 했어요. 폰초는 그 서류를 들어 보이며 어떤 내용이 적혀 있는지 설명했어요.

"저는 방금 영국 경제부 장관에게 보내는 탄원서에 서명했습니다. 탄원서 내용은 다음과 같습니다. 첫째, 대형 슈퍼마켓에서 판매하는 바나나를 모두 공정무역 인증을 받은 제품으로 바꿔 주십시오. 둘째, 바나나 농가를 보호할

폰초의 영국 방문을 맞아 공정무역 바나나 캠페인을 펼치고 있는 시민들
ⓒhttp://fairtradelondon.org

수 있도록 바나나 가격을 보장해 주십시오. 이 두 가지 내용입니다."

그러자 큰 박수가 터져 나왔어요. 폰초는 이 탄원서에 가장 먼저 이름을 적어 넣었어요. 바나나 값이 이대로 계속 떨어지면 농부들은 더 이상 바나나 농사를 지을 수 없었어요. 공정한 가격을 요구하는 이번 캠페인은 바나나를 생산하는 농민들에게 아주 중요한 행사였어요.

> "지금까지 먹어 온 바나나가 전부가 아니잖아!"

요즘 바나나 한 송이는 얼마인가요? 한 송이에 3, 4천 원에도 구입할 수 있을 정도로 값이 싸졌어요. 우리나라의 경우, 불과 30년 전에는 바나나가 명절 선물이기도 했고 귀한 손님에게나 대접하는 값비싼 과일이었어요. 하지만 이제 바나나는 세계 어디에서나 예외 없이 가장 값싼 과일, 흔한 과일이 되어 버렸어요.

바나나를 한번 자세히 살펴보세요. 바나나는 어디에서 재배된 것일까요? 바나나에 붙여진 스티커를 보면 알 수 있는데, 값이 너무 싸서 우리나라 또는 우리나라와 가까운 곳에서 생산된다고 생각할 수도 있어요. 하지만 바나나는 대부분 에콰도르나 필리핀, 브라질, 콜롬비아처럼 멀리 떨어진 나라에서 생산되어 수입되고 있어요. 그렇게 먼 곳에서 재배되고, 여러 대륙을 거쳐서 오는 과일인데도 가격이 저렴한 이유는 무엇일까요?

붉은색을 띠는 바나나

언젠가 세계 곳곳을 다니며 음식에 대해 공부하던 사람이 바나나를 한 입 베어 물고는 눈이 휘둥그레져서 이렇게 말했어요.

"이런! 지금까지 먹어 온 바나나가 전부가 아니잖아!"

그가 깜짝 놀란 이유는 빨간색을 띤 바나나를 먹었기 때문이에요. 폰초는, 바나나는 본디 다양한 품종이 있지만 어떤 이유로 단일 품종이 되어 버린 작물이라고 말해요.

"바나나라고 하면 누구나 샛노랗고 길쭉한 모양이 떠오를 거예요. 그런데 여러분 놀라지 마세요. 세계 곳곳에는 노란색 바나나는 물론이고 초록색, 빨간색, 갈색, 주황색 등 다양한 색깔과 길이를 가진 바나나가 있답니다."

갈색 바나나, 주황색 바나나라니! 여러분은 상상할 수 있나요? 우리가 잘 아는 그 바나나 맛이 나기나 할까요?

지금 우리가 먹고 있는 바나나는 대규모 농장에서 생산되는 '캐번디시(Cavendish)'라는 종이에요. 벨기에라는 나라에 바나나 연구소가 있는데, 그곳에서 보유하고 있는 바나나 종자는 무려 1200종이 넘는다고 해요. 중국, 인도, 히말라야, 필리핀, 콜롬비아 등 세계 여러 나라에서 생산되는 바나나가 그만큼 많은 거예요. 하지만 우리는 왜 캐번디시라고 불리는 한 종만 먹고 있는 걸까요? 폰초는 어깨를 한 번 으쓱하고는 이렇게 대답해요.

"그 이유가 바로 바나나의 값싼 가격과도 관련되어 있습니다."

"그 많은 바나나는 다 어디서 왔을까요?"

바나나는 전 세계에 걸쳐 생산되는 과일이자 음식이에요. 세계 여러 나라 사람들은 다양한 종류의 바나나를 과일처럼 날것으로 먹기도 하고, 불로 가열해서 조리된 음식으로

색깔과 모양, 크기도 다양한 세계의 바나나들

먹기도 했어요.

"바나나라는 용어가 만국 공통어 같죠? 아니에요. 하와이에서는 마이아(mai'a), 인도네시아에서는 피사(pisa), 남태평양 피지 섬에서는 부드(vud)라고 불리기도 했어요."

폰초는 바나나의 여러 가지 이름을 말해 주었어요. 다양한 종류만큼이나 이름도 가지가지였어요. 오래 전 바나나가 재배되지 않은 지역에서는 바나나가 사치품으로 거래되기도 했답니다. 그만큼 흔한 과일이 아니었거든요.

미국 사람들도 1880년대 이전에는 바나나를 먹어 보기는커녕 본 적도 없을 만큼 생소했어요. 그런데 1910년대가 되자 바나나가 길거리에 넘쳐날 만큼 수입되기 시작했어요. 단 30년 만에 누구나 먹을 수 있는 값싼 과일이 되어 버린 거예요. 그 많은 바나나는 다 어디서 왔을까요?

바나나가 사치품이었을 때, 우연한 기회에 바나나로 큰돈을 번 뉴잉글랜드 사람 베이커는 중앙아메리카 카리브해에 있는 자메이카의 드넓은 토지를 사들였어요. 그러고는 바나나나무를 많이 심고 재배해서 미국의 대도시로 들여왔답니다. 마침 냉장 운송 기술이 발전하는 바람에 쉽게 상하는 바나나를 멀리 떨어진 곳까지 신선하게 운송할 수 있게 된 행운도 따랐어요.

그런데 바나나 사업은 번창했지만 원래 그곳에 살던 사람들은 점점 살기가 어려워졌어요. 중앙아메리카의 바나나 농장은 오랜 옛날부터 숲으로 뒤덮인 공간이었는데, 이곳을 바나나 농장으로 만들기 위해 나무를 베고 동물을 내쫓기 시작한 거예요. 거기서 작은 마을을 이루고 살던 원주민들은 삶의 터전을 잃고 바나나 농장에서 일하는 노동자가 되었어요. 바나나로 돈을 버는 사람들이 나타나면서 자연과 원주민이 희생을 당한 거죠. 그 결과 미국에는 30억 개가 넘는 바나나가 수입되었답니다.

바나나 생산량이 크게 늘자 가격은 사과의 절반이 되었어요. 그렇다면 이제껏 농장에서 바나나를 키우고 수확해 온 사람들은 어떻게 되었을까요?

자메이카 아래쪽에 위치한 코스타리카의 한 여성은 먹고살기 위해 농약이 비처럼 내리는 데서 일할 수밖에 없었어요. 그는 이렇게 말해요.

"20년 동안이나 바나나 농장에서 일했습니다. 거기가 아니면 일할 곳이 없거든요. 어느 날인가 바나나나무에 곰팡이 균이 없는지 살피고 있는데, 갑자기 하늘에서 '부앙' 소리와 함께 흰색 가루가 쏟아져 내리던 일이 가장 기억에 남아요. 비행기로 한꺼번에 살충제를 뿌리면 시간도 절약하

바나나 농장에서 일하고 있는 여성 농민

고 돈도 아낄 수 있다는 것을 모르는 사람은 없어요."

작은 바나나 회사를 다국적 기업으로 성장시킨 사람들은 바나나를 대량으로 생산하기 위해 해충을 모조리 없애는 농약 살포 방식을 선택했어요. 농약은 일하는 농민들의 머리 위에 그대로 뿌려졌어요. 여성들에게는 이 농약이 아이를 갖지 못하는 비극을 가져다주었어요. 전에 없던 피부병이 생기는 등 여러 가지 질병이 끊이지 않았죠.

폰초는 남아메리카 콜롬비아 아래쪽에 있는 에콰도르에서도 문제가 심각하다고 했어요.

"에콰도르에서는 바나나 농장을 운영하는 사람들이 국가에서 정한 노동법을 어기고 노동조합을 탄압하는 일이 자주 일어났습니다. 국제 인권 문제를 감시하는 휴먼라이츠 워치(Humanrights Watch)에서 그 바나나 농장에서 일한 청소년들을 인터뷰하고 보고서를 발표한 적이 있는데, 그때 농장이 발칵 뒤집어지기도 했어요."

그 보고서에 따르면, 에콰도르 청소년들은 하루에 12시간 넘게 일하고도 적절한 보상을 받지 못했어요. 학교에 다니기는커녕 독한 농약을 뒤집어쓰거나 보호 장비도 없이 바나나나무에 올라가서 일하는 등 위험한 노동에 시달리고 있었어요.

> "바나나 한 종이 사라지면
> 뒤를 이어 수천 종이 사라져요."

"이건 결코 한 나라, 한 농가만의 문제가 아닙니다. 세계 바나나 산업이 어떻게 돌아가고 있는지 볼 수 있어야 문제를 발견하고 해결할 수 있습니다."

폰초는 이렇게 말하며 다국적 기업으로 인해 어떤 일이 벌어지고 있는지 자세히 이야기해 주었어요.

"바나나를 구입하면 스티커가 하나씩 붙어 있는 것을 볼 수 있습니다. 아마 세 가지 이름 가운데 하나일 거예요.

캐번디시 품종 바나나

유나이티드 브랜즈(United brands), 치키타(Chiquita), 피프스(Fyffes)입니다. 돌(Dole)과 델몬트(Del Monte)는 치키타에 속한 브랜드예요. 이들이 전 세계의 바나나 생산과 수출을 이끌고 있는 다국적 기업의 상표입니다. 놀랍게도 전체 바나나 교역의 60퍼센트를 차지하고 있죠."

폰초는 노란 바나나 하나를 집어 들었어요.

"바나나는 오래 보관할 수 있는 상품이 아니기 때문에 수확에서 수출에 이르는 과정이 효율적으로 이루어질수록 사업에 유리해요. 바나나를 빠른 속도로 시장에 유통시키려면 최신 기계와 운송 수단을 갖추는 데도 큰돈이 들게 마련입니다. 그렇기 때문에 작은 기업에서는 바나나 사업을 하기 어렵고, 결국 자본금이 충분한 다국적 기업이 바나나의 수입과 수출을 독점하게 된 거예요."

그때 폰초는, 우리가 한 가지 바나나만 먹게 된 까닭도 다국적 기업 때문이라고 강조했어요.

"다국적 기업의 가장 큰 관심은 이윤을 남기는 것입니다. 쉽게 말해서 돈을 많이 버는 거예요. 바나나를 찾는 사람들이 점점 많아지는 것을 지켜보면서 그들은 어떤 생각을 했을까요? 바나나를 재배해서 소비자의 손에 들어가기까지의 과정을 짧게 줄이면서 대량으로 생산할 수만 있다면 사업은 성공하는 것이나 마찬가지입니다. 그래서 그들은 1000개 이상의 다양한 품종이 있던 바나나를 맛도 괜찮고 비교적 잘 자라는 한 가지 품종만 재배하기 시작했습니다. 그 품종이 바로 여러분이 지금까지 먹고 있는 바나나, 캐번디시예요."

그러나 단 하나의 품종만 생산한다는 것이 얼마나 위험한지 처음엔 아무도 몰랐어요. 바나나뿐 아니라 단일 품종, 단일 모종으로 경작하게 되면 어떤 작물이든 병충해를 입을 가능성이 높아져요. 만약 그 품종이 병충해를 심하게 겪게 되면 그 종은 멸종에 이르기도 해요. 다른 품종들이 이미 사라지고 없기 때문이죠. 그래서 다국적 기업들은 병충해를 방지하기 위해 독한 화학약품과 농약을 자주 살포해서 바나나에 생기기 쉬운 검은곰팡이균을 막아 보려고 했어요.

종이 다양할수록 병충해에 쉽게 무너지지 않는 시스템이 만들어져요. 생물 다양성은 그래서 중요할 수밖에 없어요. 하지만 다국적 기업은 캐번디시라는 단 한 가지 품종만을 선택해서 재배했어요. 오늘날 바나나를 연구하는 사람들은, 캐번디시가 검은곰팡이균으로 멸종할 가능성이 높다고 걱정하고 있어요. 바나나 한 종이 사라지면 바나나를 먹을 수 없는 것 하나로 끝나지 않아요. 바나나와 연결되어 있는 수천 종의 동식물 생태계가 붕괴되는 것으로 이어질 수도 있답니다.

"왜 열심히 일하는 사람들이 점점 더 가난해질까요?"

바나나 생산이 증가하고 바나나 수입이 늘어나도 바나나를 재배하는 농민들의 삶이 나아지지 않는다는 점도 아주 심각한 문제예요. 영국의 비영리단체인 바나나링크(bananalink)에서 유통 경로를 조사해 보니, 슈퍼마켓에서 41퍼센트의 수익을 가져갔어요. 바나나를 수입하는 회사가 19퍼센트, 수출하는 회사가 28퍼센트, 그리고 바나나 농장을 가진 사람이 10.5퍼센트의 수익을 챙겼어요. 바나

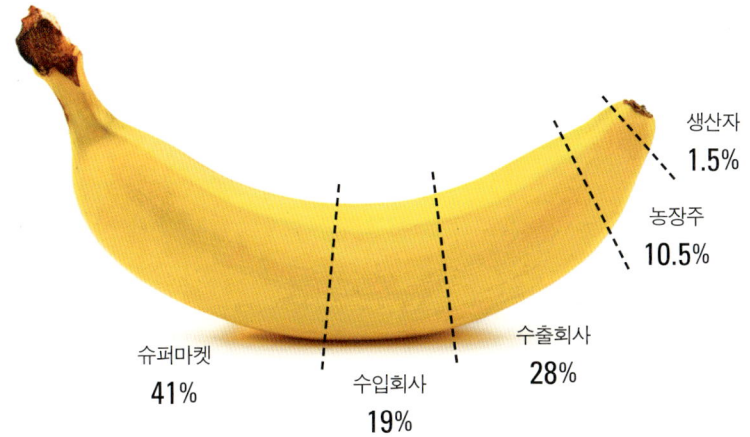

나 생산자들에게는 고작 1.5퍼센트가 돌아갈 뿐이었죠. 여러분이 만약 3천 원을 주고 바나나 한 송이를 샀다면 약 45원이 농민들에게 돌아가는 거예요.

폰초의 낯빛이 어두워졌어요.

"이건 그저 평균을 낸 수치일 뿐입니다. 실제로는 상황이 더 심각할 때가 많아요. 농부들이 바나나 한 상자를 생산할 때 보통 6달러 이상의 비용이 드는데, 판매는 흔히 4달러에 이루어지기도 합니다. 팔수록 손해인 거예요."

이처럼 바나나 무역은 농민들에게 불리한 구조로 짜여 있어요. 정성껏 바나나를 키워도 살기가 점점 힘들어질 수밖에 없어요. 이런 상황에 놓인 농민들에게는 뾰족한 돌파

구가 없어요. 농장에서 부모 두 사람이 일을 해도 한 가족을 부양하기 힘든 상황이 일어나게 돼요. 부족한 수입을 메우기 위해 부모들은 아이들을 농장으로 데리고 와서 같이 일할 수밖에 없어요. 이때 아이들은 교육을 제대로 받지 못할뿐더러 농약 때문에 원인을 알 수 없는 질병에 시달리기도 해요. 여자 아이의 경우는 성희롱을 당하는 등 신체적인 위협을 받기도 한답니다.

뿐만 아니라 다국적 기업이 농장을 소유하게 되면 땅을 잃은 농민들은 열악한 노동 조건에 저항할 힘을 잃게 돼요. 노동자들이 모여 자신의 권리를 주장하는 노동조합도 바나나 농장에서는 잘 운영되지 않아요. 조합원이 얼마 되지 않기 때문에 힘을 모아 협상에 나서기도 힘들어요.

"가족을 위해
몸부림치고 있어요."

이 문제를 어떻게 해결할 수 있을까요? 폰초는 10살부터 아버지 농장에서 일을 하기 시작했어요. 이젠 대학에 간 딸이 있을 정도로 나이가 들었지만, 그는 지금도 새벽부터 바나나 농장에 가서 일한답니다. 그는 생산자들이 모여서 만

바나나나무에 올라가서 일하고 있는 폰초 ⓒwww.fairtrade.org

든 푸바프리오(foobafrio) 협동조합의 조합원이에요. 폰초에게 이 조합은 아주 특별한 곳이에요.

"아버지가 이웃 농부 19명과 푸바프리오 생산자 협동조합을 처음 만들었습니다. 벌써 20년이 다 되어 가네요."

폰초는 지금 아버지가 만든 조합을 더 탄탄하게 만들고 있어요. 생산자 협동조합이란 생산의 주체인 농민들이 모여서 만든 조직이에요. 한 개인이 큰 유통업체를 상대하는 건 무척 어려운 일이에요. 한 업체가 바나나를 사 주지 않으면 다른 곳을 알아봐야 하고, 그 사이에 가격이 떨어지거나 바나나의 상태가 나빠질 수도 있거든요. 그러나 협동조합을 통하면 바나나를 판매할 때 조합에서 정한 합리적인 가격을 요구하고 거래할 수 있어요.

지금 폰초는 43명의 농민들과 함께 협동조합을 꾸려 나가고 있어요. 그러나 얼마 전까지 푸바프리오 조합에 속한 농민들은 바나나 가격이 점점 더 하락하는 바람에 생계를 위협받을 지경에 이르렀어요.

"바나나 농사가 아무리 풍년이어도 제값을 매겨 주지 않으면 별 도리가 없습니다. 그저 주는 대로 받는 수밖에 없는 거죠."

그런 불합리한 거래를 참아가면서 농사를 짓던 그들에게 더 큰 난관이 기다리고 있었어요.

"어느 날인가 어떤 회사의 직원이라는 사람이 찾아왔습니다. 그러고는 다짜고짜 한다는 말이, 땅값을 높게 쳐줄 테니 바나나 농장을 팔라는 거예요."

폰초는 기가 막혔어요. 하지만 이웃 동네의 한 농부는 벌써 농장을 다국적 기업에 팔아넘기고 고향을 떠나기도 했어요. 다국적 기업은 바나나 농장을 팜오일 농장으로 변신시키는 중이었어요. 최근 들어 팜오일이 바이오 디젤, 식용유, 화장품의 원료로 많이 쓰이기 시작했거든요. 바나나 농장 주변 열대우림이 팜오일 농장을 짓기 위해 벌목되어서 이미 85퍼센트 정도가 파괴된 지역도 있었어요. 그곳에 살던 야생 오랑우탄도 멸종 위기에 처했죠.

그러나 폰초와 이웃 농민들은 다국적 기업이 제시하는 돈에 넘어가지 않았어요. 바나나 농사만 묵묵히 지었죠. 하지만 현실은 답답하기만 했어요. 주문 수량을 맞추기 위해 밤낮 없이 일했지만 이번에는 비료 가격이 점점 높아졌어요. 결국 먹고살기 힘들 정도로 생활이 궁핍해졌어요. 부족한 수입을 보충하기 위해 다른 일을 하는 농민도 하나 둘씩 늘어났답니다. 무엇보다 가뭄과 물 부족, 폭우, 홍수와 같은 자연재해를 겪을 때는 절망스런 한 해를 보내기도 했어요.

> **"마을 공동체에도 변화가 일어났어요."**

그러던 농민들에게 반가운 소식이 들렸어요. 폰초가 속한 푸바프리오 협동조합이 2011년에 공정무역 바나나 인증을 받게 된 거예요.

"오랜 가뭄 끝에 단비가 내릴 때, 혹시 그 순간에 어떤 심정이 되는지 아세요? 저희가 그만큼 기뻤답니다."

폰초는 가슴이 뭉클해졌어요. 그러고는 어떤 일들이 농

민들을 설레게 했는지 이야기했어요. 그는 공정무역 인증을 받게 되면서 생긴 가장 큰 변화는 안정이라고 말해요.

"푸바프리오 협동조합의 조합원들은 해마다 약 24만 박스, 즉 4천 톤에 달하는 바나나를 생산합니다. 이 가운데 75퍼센트를 공정무역으로 판매하고 있죠. 공정무역으로 거래하면 적어도 농민들의 생활만큼은 보장받을 수 있습니다. 농부들이 흘린 땀의 대가가 정당하게 가격에 반영되거든요."

공정무역으로 바나나를 수출하기 시작한 뒤, 그들은 이제 끼니 걱정 없이 살 수 있게 되었어요. 생산비도 받지 못하고 농사지을 때는 다음 농사 걱정에 가족을 부양해야 하

폰초의 얼굴 스티커가 붙어 있는 공정무역 바나나 그림 ⓒwww.fairtrade.org

는 부담이 더해져 농부들의 어깨를 짓눌렀거든요. 생활이 안정되자 또 다른 좋은 변화가 일어나기 시작했어요.

"공정무역은 독특한 구조를 갖고 있습니다. 다국적 기업과 거래할 때하고는 전혀 달라요. 처음에는 우리도 '이게 뭘까?'라는 생각을 많이 했다니까요."

그가 말한 독특한 구조는 공정무역 프리미엄이라는 제도예요. 공정무역을 통해 바나나 1박스를 판매하면 추가로 1달러를 더 받을 수 있는 거예요.

"우리는 이 돈을 모아서 조합원을 위한 복지 기금으로 쓰고 있습니다. 그리고 학교가 없는 외진 곳에 학교를 만들어 아이들이 교육받을 수 있도록 활용하기도 한답니다."

폰초는 농부들을 위한 기술 교육 프로그램이 생기면서 농부들의 삶뿐 아니라 마을 분위기도 달라지고 있다고 말해요. 폰초의 얼굴에 웃음이 가득해졌어요.

"유기농 바나나 재배는 농약을 치지 않기 때문에 어려운 부분이 많아요. 처음 해 본 농민들은 해충 때문에 힘들어하기도 해요. 하지만 시간이 지나자 바나나 품질은 점점 높아졌습니다. 생산량도 1헥타르당 15박스에서 35박스로 증가했어요. 그뿐만이 아닙니다. 농사를 대하는 마음가짐도 바뀌고 있어요. 이제는 해충을 무조건 없애려고 하지 않습니다. 농민들이 머리를 맞대고 살충제를 뿌리지 않는 방법을 고민하고 있죠. 농약 대신 쓸 수 있는 천연 해충제를 직접 만들어 실험해 보기도 해요. 숲이 있어야 농사를 계속 지을 수 있잖아요. 그런 마음으로 풀 한 포기, 나무 한 그루, 숲에 사는 동물을 살피게 되었습니다."

"공정한 가격을 받을 자격이 있어요."

폰초와 그의 동료 조합원들, 그리고 전 세계의 공정무역 생산자들은 공정무역이 더욱 확대되길 바라고 있어요. 그래서 폰초는 이번 '공정무역 바나나 캠페인'에서 영국 정부를 향해 목소리를 한껏 높인 거였어요. 공정한 바나나 가격으로 농민의 삶을 보장하기 위해서는 보다 많은 슈퍼마켓이 공정무역 상품을 취급해야 돼요. 2014년 2월, 폰초를 시작으로 무려 7만 명이 이 탄원서에 서명을 했어요.

 탄원서는 3달 뒤인 5월에 영국 정부에 제출되었어요. 하지만 영국 정부의 답변은 실망스러웠어요. 영국 정부는 소비자들이 값싼 바나나를 원하는 현실만 되풀이해서 말할 뿐 농민을 위한 더 나은 정책을 펴나갈 의지가 없어 보였어

영국 하원의원을 만나 악수하고 있는 폰초 ⓒwww.fairtrade.org

요. 정부의 반응에 폰초는 이렇게 대답했어요.

"바나나는 누가 키웁니까? 저는 생산자를 보호하는 것이 얼마나 중요한지 이야기했습니다. 우리는 말로 다 할 수 없이 고된 일을 한 해도 거르지 않고 하고 있습니다. 그렇기 때문에 영국 사람들은 달콤하고 질 좋은 과일을 먹을 수 있는 겁니다. 우리는 우리가 키운 바나나에 대해 공정한 가격을 받을 자격이 있습니다. 저와 같은 농민을 거듭 지지해 주시고, 공정무역 바나나를 구입하는 것을 촉구해 주십시오."

시민들의 행동은 탄원서에 서명하는 것에 그치지 않았어요. 그들은 영국에서 가장 큰 슈퍼마켓인 아스다(Asda)와 테스코(Tesco)에 메일을 보냈어요. 매장에서 판매하는 바

나나를 모두 공정무역 바나나로 바꿔야 한다는 내용이었어요. 무려 17만 개가 넘는 메시지가 전국으로 전달되었어요. 수많은 사람들이 대형 슈퍼마켓의 문을 두드린 결과는 어땠을까요? 두 기업은 공정무역 바나나를 취급할 수 있도록 방법을 마련하기로 했어요. 이렇게 변화는 조금씩 이루어지고 있답니다!

이제 공정무역 바나나 캠페인은 영국뿐 아니라 세계 곳곳에서 일어나고 있어요. 너무 싸고 흔해서 별 생각 없이 먹어 왔지만, 우리는 이제 바나나 하나에도 수많은 농민의 땀방울이 스며 있다는 것을 알게 됐어요.

우리나라에서 공정무역 바나나를 구입할 수 있는 곳은 아이쿱 '자연드림'이라는 매장이에요. 이 매장은 일반 마트와는 달라요. 소비자들이 힘을 모아서 건강한 먹거리와 윤리적 소비를 위해 만든 소비자 협동조합이거든요. 자연드림 매장에서는 대형마트에서 볼 수 없는 페루 공정무역 바나나를 만날 수 있어요. 페루 생산자 협동조합에 속한 농민들이 농약을 치지 않고 재배한 바나나랍니다. 그래서인지 이제껏 먹어 본 바나나보다 더 달콤해요. 여러분도 더 건강하고 맛좋은 바나나를 먹고 싶지 않나요? 만약 여러분이 마트나 슈퍼마켓에 갔을 때 공정무역 마크가 붙은 바나나가 있는지 마음을 쓴다면, 그것만으로도 공정무역 바나나 캠페인에 힘을 보태는 거예요.

사탕수수 농장의 진짜 주인

사탕수수 농부 케이시,
설탕의 역사를 이야기하다

PHILIPPINES

필리핀_수도는 마닐라이고 필리핀어와 영어를 쓴다. 태평양에 둘러싸여 있으며, 환태평양 조산대에 속해 있어 지진 피해가 잦다. 동그라미로 표시한 곳이 네그로스 섬이다.

> **"이제는 병원비를 빌려 달라고
> 애원하지 않아도 돼요."**

관객이라고는 5명도 채 안 되는 허름한 연극 무대. 한 젊은 남자가 오른팔을 위로 번쩍 들고 외쳤어요.

"우리에게 정당한 대가를!"

관객들은 그가 한 말을 그대로 따라했어요.

"정당한 대가를! 정당한 대가를!"

사실 이곳은 연극 무대라고 하기에는 조금 민망한 장소예요. 무대도, 관중석도 구분되어 있지 않은 공터지만 연극을 이끌고 있는 남자는 사뭇 진지해요.

연극 주인공을 맡은 남성은 케이시라는 필리핀 농부예요. 그가 사는 곳은 산따리따 마을이고, 공연은 지금 마을 한복판에 위치한 자그마한 공터에서 이뤄지고 있어요.

케이시는 대를 이어 부모님의 사탕수수 농사를 짓고 있어요. 그의 친구들과 이웃도 대부분 유기농 사탕수수 농사를 짓고 있죠. 케이시는 농사일을 마치면 이들과 함께 모여 춤을 추거나 연극 공연을 구상하는 취미가 있어요.

"자, 오늘은 어떤 공연을 해 볼까?"

그가 운을 떼면 동료들이 의견을 말해요.

"오늘은 일이 힘들었으니 그냥 신나는 노래를 틀고 춤이나 춥시다!"

케이시의 스트레스는 흥겹게 춤을 추는 동안 어느새 사라져요. 그렇다고 늘 춤만 추는 건 아니에요. 마을 기념일에는 모두가 고민할 만한 주제의 공연을 준비한답니다. 그래서 그의 춤과 공연이 그저 흥겹기만 한 건 아니에요. 그들의 공연에는 필리핀 사탕수수 농부들의 삶이 고스란히 담겨 있거든요. '우리에게 정당한 대가를!'이라고 외친 이번 공연도 그 농부들의 목소리를 담은 거예요. 또한 이 공연은 부모님 세대가 겪은 아픔이 되풀이되지 않기를 바라는 젊은 농부들의 외침이기도 해요.

케이시는 마을의 역사를 기억해야 한다고 말해요.

"필리핀의 설탕 산업은 농민들이 생계를 잇는 수단이지만, 아주 길고도 슬픈 역사를 가지고 있습니다. 우리들의 할아버지와 아버지는 유럽인과 미국인, 그리고 필리핀 대지주들에게 오랫동안 착취당했습니다. 부당한 일이 많았

지만 농민들의 저항은 번번이 실패했답니다. 하지만 이제 그 비극을 끝내야죠."

어린 시절, 케이시는 사탕수수 농장 대지주에게 병원비를 빌리기 위해 힘없이 고개를 숙이던 아버지의 모습을 또렷이 기억하고 있어요. 대지주는 바쁘다는 핑계로 농장 관리인에게 그를 보냈고, 관리인은 끝내 돈을 빌려주지 않았어요. 결국 치료를 받지 못한 케이시 어머니는 그때 다친 허리가 지금도 회복되지 않아서 농사일을 제대로 하지 못해요. 케이시는 이 같은 아픈 기억을 되살려서 공연으로 만드는 작업을 해요. 마을에서 일어난 일들이 잊히지 않도록 사람들에게 알리는 거죠.

"여러분도 아시다시피, 역사는 흔히 글로 기록되어 왔습니다. 하지만 저는 생각을 조금 바꿔봤어요. 재미있는 연극과 춤으로 내 가족과 마을의 역사를 이야기해 보는 건 어떨까, 역사책보다 더 재밌고 오랫동안 기억에 남지 않을지 생각해 보았습니다."

케이시는 웃으면서 어깨를 슬쩍 들어올렸어요.

필리핀은 설탕이나 바나나 같은 농산물을 주로 수출하는 국가예요. 필리핀 섬 가운데 네 번째로 큰 네그로스는 필리핀 설탕의 60~70퍼센트를 생산하고 있어요. 네그로스 섬에는 320만 명 정도가 살고 있는데, 주민의 90퍼센트가 사탕수수를 재배하거나 설탕 정제 공장에서 일하고 있답니다. 네그로스 섬은 화산지대이기 때문에 물의 배수가 잘 이뤄져요. 이런 토질 때문에 사탕수수를 재배하기 좋은 지역으로 손꼽혔고, 그로 인해 아픈 역사가 시작되기도 했어요.

> "설탕의 달콤함에 가려진 역사를 알아야 해요."

초콜릿이나 맛있는 쿠키를 싫어하는 친구가 있을까요? 달달한 음식에는 설탕이 빠지지 않고 들어가요. 그런데 한편으로는 설탕의 위험성을 알리는 뉴스가 자주 보도되기도 해요. 당뇨병이나 비만, 고혈압 같은 질병을 일으키는 원인으로 설탕을 지목하고 있거든요. 이처럼 거의 모든 음식에 빠지지 않는 설탕은 어떻게 만들어졌고, 언제부터 즐겨 먹게 되었을까요?

전 세계에서 매년 생산되는 설탕은 약 2억 톤에 이르러요. 세계 인구 1인당 25킬로그램의 설탕을 해마다 먹고 있는 셈이에요. 우리가 일부러 설탕을 넣지 않아도 평소에 즐겨 먹는 먹을거리나 식당 음식에는 꽤 많은 양의 설탕이 들어가거든요. 우리나라에서 설탕은 1980년대 이전까지만 해도 명절 선물로 주고받을 만큼 귀한 것이었어요. 손님이 오면 설탕물을 타서 대접하기도 했으니, 지금처럼 쉽게 먹을 수 있는 게 아니었죠. 설탕 섭취량도 1970년대 1인당 6킬로그램에서 2000년대에 들어서는 20킬로그램으로 많이 늘어났어요.

사실, 우리가 지금 먹고 있는 설탕에는 탄수화물 말고는 영양소가 없어요. 사탕수수가 갖고 있는 비타민이나 미네랄 같은 성분이 정제 과정을 거치면서 대부분 파괴되거든요. 이처럼 영양소가 빠진 설탕을 주로 섭취하게 된 역사는 17세기에 대규모 사탕수수 농장을 개발하면서 시작돼요. 사람들이 입가심으로 질근질근 씹어 먹던 사탕수수가 세계 시장에 진출하게 되면서부터죠. 케이시는 설탕의 아픈 역사를 더 많은 사람들이 알아야 한다고 강조해요.

"설탕은 달콤합니다. 그래서 많은 사람들의 사랑을 받아 왔죠. 하지만 우리는 설탕의 달콤함 뒤에 숨어 있는 역사를 반드시 기억해야 합니다."

17세기 이전까지만 해도 설탕은 음식에 쓰이기보다는 주로 치료제로 사용되었어요. 사탕수수에서 설탕을 얻는

과정은 시간이 많이 걸리고 복잡하기 때문에 대량으로 얻을 수도 없었죠. 그래서 부유한 귀족들조차 많은 양을 구하기 어려웠고, 파티나 결혼식 같은 특별 행사에만 사용되었답니다. 사탕수수가 자라기 힘든 기후인 유럽에서는 주로 벌꿀로 단맛을 내 왔어요. 따라서 이들에게 강한 단맛이 나는 가루는 그저 신비롭게 느껴질 수밖에 없었어요.

> "사탕수수가 있는 곳에 노예가 있다."

이내 설탕은 유럽의 귀족들에게 큰 인기를 얻었어요. 상인들은 높은 가격으로 거래되는 설탕을 더 많이 생산하기 위해 고심하기 시작했죠. 사탕수수는 배수가 잘 되는 열대 기후의 토양이라면 흔히 4미터를 훌쩍 넘게 자라기도 해요. 유럽에서는 사탕수수를 재배하기 어려웠기 때문에 그들은 16세기부터 무력으로 점령한 아프리카와 대서양의 식민지에서 사탕수수를 재배하기 시작했어요.

식민지에서는 두 가지 끔찍한 일이 벌어졌어요. 우선, 눈 깜짝할 사이에 원래 있던 마을이나 숲이 대규모 사탕수수 농장으로 바뀌는 거예요. 그리고 원주민들은 노예가 되어 사탕수수 농장에서 일하게 돼요. 짧은 기간에 아프리카와 대서양, 카리브해 섬 곳곳은 사탕수수로 뒤덮이게 되었답니다. 심지어 사람이 살고 있지 않던 무인도에도 사탕수수가 심어졌죠. 원주민들은 예로부터 심어 먹던 작물을 뽑아내고 사탕수수를 심기도 했어요. 그만큼 강제로 사탕수수 재배 농장이 만들어지기 시작한 거예요. 유럽인들이 식민 지배를 한 섬은 얼마 지나지 않아 섬 전체가 사탕수수 농장으로 변했습니다.

케이시는 사탕수수 농사를 짓고 있기 때문에 작물의 특성을 아주 잘 알고 있어요. 그는 유럽 사람들이 이윤을 얻기 위해 사탕수수 농장을 무분별하게 경작했다며 목소리를 높였어요.

"사탕수수는 연평균 기온이 20도를 넘고 충분한 물이 있

사탕수수 줄기의 색깔은 흰색, 노란색, 짙은 녹색, 자주색, 보라색 등 다양하다.

으면 비교적 잘 자랍니다. 하지만 작물의 특성상 비료를 많이 줘야 하고, 너무 오래 심으면 토질이 황폐해지는 단점이 있습니다. 당시 사탕수수 농장의 문제는 사탕수수만 줄곧 심었다는 거였습니다."

사탕수수를 대규모로 경작하는 '플랜테이션'이 활발해지면서 문제는 더 심각해졌어요. 17세기부터 시작된 플랜테이션은 한 가지 작물만 키우는 농법이었어요. 다른 작물과 함께 재배해야 토양도 힘을 회복할 시간을 가질 수 있고, 사람들도 다양한 작물을 심고 거둬서 먹을 수 있는데

이것이 불가능하게 된 거죠.

　사탕수수 플랜테이션은 토질뿐 아니라 사람에게도 돌이킬 수 없는 고통을 주기 시작했어요. 사탕수수는 줄기를 베어 낸 뒤 빠른 시간 안에 분쇄해서 정제 과정을 거쳐야 해요. 그렇기 때문에 많은 노동력이 필요하답니다. 하지만 사탕수수 농장이 있는 곳은 원주민 말고는 일을 시킬 만한 인력이 많지 않았어요. 이윽고 사탕수수 농장을 장악한 유럽 사람들은 부족한 일손을 다른 나라 사람들로 채우기로 했어요. 식민지가 된 아프리카 사람들을 억지로 끌어오기로 한 거예요.

　케이시는 그 현장을 직접 경험하지 않았지만, 마을 어른들에게 아픔의 역사를 듣고 자랐다고 말해요.

　"제가 살고 있는 필리핀보다 더 아픈 역사가 대서양에서 먼저 일어났습니다. 영국 자본가들에게 있어 아프리카인은 결코 사람이 아니었습니다. 그저 그들의 돈을 불려 주는 기계에 지나지 않았어요. 영국 사람들이 아프리카인 수십만 명을 사탕수수 농장으로 보내기 위해 배에 태웠는데, 살아남은 사람보다 목숨을 잃은 사람이 더 많았다고 합니다. 죽으면 바로 바다에 던져 버렸죠."

　믿기 어려운 이야기지만 모두 사실이랍니다. 아프리카

카리브해 히스파니올라 섬에서 사탕수수로 설탕을 만들고 있는 노예들. 초기 아메리카 대륙에 대한 묘사로 유명한 벨기에 출신의 동판화가 테오도르 드 브리(Theodorus de Bry, 1528~1598)의 그림이다.

인을 사탕수수 농장으로 실어 나르면서 실제로 생존자의 3배가 넘는 사람이 사망했어요. 더럽고 벌레가 득실거리는 배 안에 갇힌 채 병들어 죽어 간 아프리카 사람들이 셀 수 없이 많았어요. 16세기부터 시작된 아프리카의 아픈 역사는 18세기에 이르기까지 계속해서 이어졌답니다. 스페인, 포르투갈을 거쳐 17세기에는 영국과 프랑스로 지배권이 넘어갔지만 아프리카인들의 고통은 점점 심해지기만 했어요.

그때 케이시는 유럽 국가들이 부유해질 수 있었던 배경에 대해 날카롭게 지적했어요.

"우리가 반드시 기억해야 하는 것은, 오늘날 유럽의 풍요로운 경제는 아프리카와 아시아, 남미의 식민 지배와 노예제도를 통해 이루어졌다는 사실입니다. 에릭 윌리엄스라는 역사학자가 이렇게 말했습니다. '사탕수수가 있는 곳에 노예가 있다'고 말입니다. 그렇습니다. 이게 바로 역사의 진실인 것입니다. 저는 하마터면 그 말을 듣고 눈물이 날 뻔했답니다."

> **" 평화로울 때가
> 단 한 번도 없었어요."**

아프리카의 고통은 곧이어 필리핀에도 닥쳐왔어요.

"제가 살고 있는 네그로스는 화산섬입니다. 물이 아주 잘 빠지기 때문에 사탕수수를 재배하기에 적합한 토양이죠. 이런 사실이 우리 가족과 마을을 불행에 빠뜨리게 될 줄은 처음엔 아무도 몰랐습니다."

케이시는 담담한 어투로 이야기를 이어갔어요. 자신과 가족, 마을의 이야기를 말이죠.

"제 고향은 16세기부터 스페인으로부터 식민 지배를 당했습니다. 사탕수수를 재배하기 전부터 누군가의 지배를 줄곧 받아 온 것이죠. 불행하게도 평화로울 때가 단 한 번도 없었던 곳입니다. 이곳의 진짜 이름은 네그로스가 아니에요. 이 땅의 원래 이름은 부글라스(Buglas)입니다. 스페인 사람들이 1500년대 중반부터 식민 지배를 했는데, 우리 피부가 검다고 네그로스(Negros)라고 불렀어요. 그게 결국 섬 이름이 되어 버린 거죠."

케이시 고향은 원래 이름을 잃어버렸어요. 대신 인종차별을 상징하는 이름이 고향의 새로운 이름이 되었죠. 농사

수확한 사탕수수를 트럭에 싣고 있는 농민들

에 적합한 토질 때문에 네그로스는 외국인들이 늘 탐내던 지역이었어요. 네그로스 토질의 장점을 알아차린 외국인들은 1855년에 일로일로 항이 열리자마자 큰돈을 들고 섬에 들어오기 시작했답니다. 가장 먼저 들어온 건 영국 상인들이에요. 그들은 네그로스 섬 곳곳의 땅을 사들이기 시작했고, 네그로스의 숲을 대규모 사탕수수 농장으로 바꾸기 시작했어요.

당시 주민들은 아무런 힘이 없었어요. 숲과 동물은 이내 사라져 버리고 사탕수수만 가득해졌어요. 스페인의 식민 지배는 고통의 끝이 아니라 오히려 시작이었어요. 영국 자본가들이 밀려 들어와 사탕수수 플랜테이션을 시작하더니, 그 뒤를 이어 1900년대에는 미국 사람들이 네그로스에 들어왔어요. 미국인들은 미리 세워 놓은 사업 계획대로 공장을 먼저 지었다고 해요. 사탕수수를 바로 설탕으로 만들어서 중국과 유럽으로 수출하는 사업이었어요.

케이시는 그 덕에 마을에 일자리가 생기지 않았느냐는 누군가의 질문에 고개를 저으며 말했어요.

"겉으로 보기에는 풍요로워 보였죠. 공장이 곳곳에 들어서고, 일자리가 없는 사람이 없었거든요. 맞아요, 모두가 돈을 벌고 있었습니다. 그런데 네그로스는 심각하게 황폐화되는 중이었습니다."

전 세계에서 밀려드는 수출 물량을 맞추기 위해 네그로스에는 더 많은 사탕수수 농장이 들어섰어요. 포크레인이 무자비하게 밀고 들어간 네그로스의 숲은 곳곳이 상처투성이가 되고 말았어요. 하지만 이보다 더 심각한 문제가 있었어요. 하루라도 빨리, 더 많은 돈을 벌기 위해 토양을 망쳐 버리는 농사 방식이었어요.

케이시는 땅의 힘이란 무엇이고, 그걸 다시 회복하는 것이 얼마나 어려운 일인지 설명해 주었어요.

"예로부터 농민들이 써 오던 천연 살충제는 남김없이 버려졌습니다. 그걸 써서는 생산량이 떨어진다는, 한마디로 효율성이 없다는 이유에서였어요. 농장에는 농약과 화학 비료가 무차별적으로 뿌려지게 됩니다. 그러자 처음에는 수확량이 늘어나는 것처럼 보였어요. 하지만 땅은 더욱 산성화되고 차츰 쓸모없는 토양으로 변해 갔습니다."

그 뒤 네그로스에는 이제껏 볼 수 없던 사람들이 나타났어요. 미국인 사업가들은 파나이 섬이나 팔라완 섬 같은 곳에서 노동자를 모아 네그로스로 데려왔어요. 네그로스에 이주노동자가 등장한 거예요. 원주민만으로는 일할 사람이 부족했던 거죠. 하루에 20시간이나 일하도록 했기 때문에 그들의 삶은 17세기 아프리카 노예와 전혀 다를 것이 없었어요.

"그냥 이대로
물러설 순 없었어요."

네그로스의 농부들은 일한만큼 정당한 대가를 받지 못했지만 별다른 방법이 없었어요. 가족을 부양하기 위해서는 무슨 일이든 해야 하는데, 일자리가 사탕수수 농장 말고는

농장에서 사탕수수를 수확하고 있는 농민

없었거든요. 사탕수수 농장의 노동자들은 뜨거운 태양 아래에서 사탕수수를 키우고 추수하는 일을 거듭했어요. 사탕수수는 베어 낸 뒤 즙을 짜는 타이밍이 가장 중요하기 때문에 한시도 긴장을 늦출 수 없었어요.

하지만 그들의 고된 노동이 국제 시장에서 외면받는 일이 일어났어요. 1970년대 들어 몇몇 힘 있는 국가들이 자기 나라 농민을 보호하기 위해 보조금을 지급하기 시작하면서 설탕 가격이 폭락하게 된 거예요. 이 일은 설탕이나 목화 같은 원자재 시장에 큰 타격을 줬어요. 원자재를 생산하는 국가 대부분은 보조금을 지급하지 못하기 때문에 가난한 나라의 농민만 피해를 입은 거예요. 그들이 키운 사탕수수가 제값을 받지 못한다는 뜻이거든요.

케이시의 가족도 그 사태를 피해갈 순 없었어요. 케이시의 할아버지와 아버지는 일자리를 잃지 않으려고 주민들과 더불어 시위에 참여했어요. 그러고는 농장으로 몰려가 '이렇게 물러설 순 없다'며 목이 터져라 외쳐댔어요. 설탕 가격이 크게 떨어져 자칫 농장이 문을 닫을 위기에 처했으니까요.

1970년부터 설탕 가격은 점점 하락하기 시작했어요. 그래도 1970년대에는 1파운드에 25센트를 받을 수 있었어요. 하지만 10년 단위로 가격이 폭락하면서 2000년대에는 4분의 1 가격도 채 받지 못했어요. 네그로스의 대규모 농장들은 하나둘 문을 닫았고, 그곳에서 일하던 농부들은 아무런 보상도 없이 해고되었어요. 농민들은 한데 모여 일자리를 보장받기 위한 집회를 열었으나 시위는 곧 진압되었어요. 농장 주인이 사설업체 군인을 고용해서 농민들을 위협했거든요.

"필리핀 정부는 우리 편이 아니었습니다. 경찰이 농민 진압을 지휘했고, 사탕수수 농장의 사업가들과 한패가 되어서 오히려 우리에게 몽둥이를 휘둘렀습니다."

케이시 할아버지와 아버지도 그때 부상을 당했어요. 엎친 데 덮친 격으로 1983년과 1984년에는 가뭄과 태풍이 있었고, 불행히도 네그로스는 긴급한 재난 지역으로 세상에 알려지게 되었어요. 특히 아이들은 먹을 것이 없어서 영양실조에 걸리거나 결핵 같은 질병으로 목숨마저 위태로웠어요.

> "설탕은 단맛 나는 하얀 가루일 뿐이에요."

네그로스의 상황이 전 세계에 알려지자 도움의 손길이 곳곳에서 전해졌어요. 그 가운데 일본에서 온 구호 단체 사람들은 남다른 데가 있었어요. 구호 활동을 하는 것도 중요하지만 미래를 준비하는 데 더 큰 힘을 쏟아야 한다고 네그로스 주민들을 설득하고 다녔거든요. 그들은 네그로스에서 예로부터 전해져 내려온, 그러나 지금은 아무도 거들떠보지 않는 사탕수수 재배와 설탕 제조법을 다시 연구해야 한다고 말했어요. 그럼으로써 자본가가 아닌 농민이 네그로스의 주인이 되기 위한 일을 시작해야 한다고 강조했답니다.

그들은 '네그로스위원회'를 만들고 가장 먼저 농민들이 겪고 있는 어려움이 무엇인지 알아냈어요. 그건 바로 농민들에게 땅이 없다는 사실이었어요. 게다가 네그로스에는 농민이 토지를 구입하거나 빌릴 수 있도록 돕는 금융제도가 제대로 갖춰져 있지 않았어요. 그래서 위원회에서는 땅이 필요한 농민들에게 낮은 이자로 돈을 빌려주는 것부터 시작했어요.

케이시는 이렇게 말해요.

"그때 일본 사람들에게 받은 도움을 지금도 감사하게 생각하고 있습니다. 그래서 만들어진 기관이 대안무역그룹(ATG, Alter Trade Group)입니다. 우리 농민들에게 새로운 세상을 열어 준 곳이죠. 농민들은 비로소 농사지을 땅을 마련했을 뿐 아니라 유기농업을 할 수 있도록 기술 교육도 받을 수 있었습니다. 무엇보다 네그로스의 전통적인 방식으로 설탕을 만들 수 있게 된 점이 가장 큰 변화였습니다."

그렇다면 네그로스 지역의 설탕은 슈퍼마켓에서 흔히 보는 설탕과 무엇이 다를까요?

우리가 아는 순백의 고운 설탕은 사탕수수에서 섬유질, 비타민, 단백질이 제거되어 단맛만 나는 가루라고 보면 된답니다. 열을 가하고 녹이는 과정에서 화학적 가공을 거치

백설탕을 넣어 만든 여러 가지 먹을거리들

기 때문이에요. 그건 흑설탕도 마찬가지예요. 언뜻 네그로스 설탕과 비슷해 보이지만 하얀 설탕에 카라멜 색소를 넣은 것에 지나지 않아요. 하지만 네그로스 농민들이 생산하는 설탕에는 사탕수수의 영양분이 그대로 남아 있는데다가 사탕수수 고유의 향도 느낄 수 있어요.

케이시는 설탕이 만들어지는 과정을 자세히 설명하기 시작했어요.

"가장 먼저 하는 일은 농민들이 수확한 사탕수수를 압착기에 넣고 즙을 짜내는 작업입니다. 사탕수수는 열매나 꽃이 아닌 줄기가 가장 중요해요. 이 줄기는 물기가 나오지 않을 것처럼 보이지만 압착기나 분쇄기에 넣으면 노란빛을 연하게 띠는 즙이 나옵니다. 그때 사탕수수만의 독특한 냄새와 달콤한 향이 나기 시작하죠. 그러고 나서 불순물을 걸러주는 거름망에 사탕수수 즙을 통과시키면 사탕수수 찌꺼기만 따로 남게 됩니다."

케이시는 이 찌꺼기가 사탕수수 농장에 거름으로 다시 재활용된다며 뿌듯한 표정을 지었어요.

"불순물이 제거된 사탕수수 즙에는 라임을 넣어 균을 없애고 향과 단맛을 더하기 위해 코코넛 기름도 첨가합니다. 이어서 180도의 강한 불로 끓이면 마치 조청처럼 걸쭉한

필리핀 네그로스 섬에서 생산되는 마스코바도 설탕

액이 만들어져요. 이걸 넓고 편평한 데로 옮긴 다음 삽으로 천천히 뒤집어 주면 1시간도 채 되지 않아 연한 갈색 가루가 되면서 달콤하고 영양가 있는 설탕이 만들어집니다."

얼마 전 새로 지은 공장에서는 하루에만 사탕수수 설탕이 100톤가량 생산된다고 케이시는 자랑스레 이야기해요. 그럼 이렇게 생산된 설탕은 어디로 어떻게 팔려 나갈까요?

"작은 단위로 포장해서 수출과 판매를 담당하는 공정무역 회사로 보내집니다. 한국이나 일본, 영국, 벨기에, 스위스 등 여러 나라의 생활협동조합으로 판매되기도 하고 공정무역 초콜릿을 만드는 원료로도 수출되고 있죠. 정말 고마운 일입니다."

케이시는 이런 변화를 기적이라고 표현해요. 네그로스 주민들이 절망을 이겨 내고 새롭게 시작할 수 있었던 것은 사탕수수 설탕이 다국적 기업이 아닌 공정무역 회사와 협동조합을 통해 거래되고 있기 때문이에요. 물론 이 모든 일들이 다른 이들로부터 도움을 받았기 때문만은 아니에요. 네그로스의 농민들도 스스로 뜻을 모아 협동조합을 만들고 서로 도우며 힘을 키웠답니다.

케이시는 이렇게 말해요.

"네그로스의 주인은 이 땅에 살고 있는 농민들입니다.

두레 에이피넷(APNET)은 필리핀 네그로스의 설탕 생산자들의 자립을 돕고 있다.

하지만 우리는 아직 많은 빚을 지고 있고 지금도 이자를 갚아 나가고 있습니다. 하지만 예전처럼 절망하지는 않습니다. 이제 더 이상은 혼자가 아니거든요. 우리에게는 든든한 협동조합이 있고, 그런 우리를 지지해 주는 아시아와 유럽, 북미의 여러 단체들과 뜻있는 소비자들이 있기 때문입니다."

우리나라에서도 필리핀 네그로스 농부들을 응원하는 사람들이 적지 않아요. 가장 대표적인 곳이 두레생활협동조합에서 공정무역을 위해 설립한 에이피넷(APNET, Alternative

People's Network for Peace and Life)입니다. 두레생활협동조합도 아이쿱이나 한살림처럼 건강하고 바른 먹거리를 위해 소비자들이 힘을 모아 만든 조합이에요. 이곳에서는 2003년에 네그로스를 직접 방문했고, 2004년부터는 네그로스의 공정무역 설탕을 수입하면서 오늘날까지 그들이 흘린 땀의 의미를 전하고 있답니다. 또한 2016년에는 네그로스 사탕수수 농민들이 직접 우리나라를 방문해서 그들이 정성껏 생산한 '마스코바도' 설탕을 소개하기도 했어요. 이처럼 두레생협의 네그로스 설탕 가격에는 공정무역 기금이 포함되어 있기 때문에 우리가 그 설탕을 사면 필리핀 네그로스 사탕수수 농민들의 자립을 돕게 되는 거예요. 이제 웬만한 마트에만 가도 공정무역 설탕을 구입할 수 있게 된 것은 공정무역 설탕이 점점 더 많은 사람들에게 알려지면서 맛으로도 좋은 평가를 받았기 때문이 아닐까요?

그러니 여러분! 오늘 먹은 음식에 어떤 설탕이 들어갔는지 한번쯤 생각해 보는 건 어떨까요? 언제든 슈퍼마켓이나 마트에 가면 공정무역 설탕이 어디 있는지 찾아보는 것도 좋은 공부가 될 것 같아요. 아마 이 책을 읽은 친구들이라면 반가운 마음으로 눈여겨보게 되겠지요.